러닝 퍼실리테이션을 위한 경험 디자인 기술

가르치지 말고 경험하게! 하라

러닝 퍼실리테이션을 위한 경험 디자인 기술

가르치지 말고 경험하게 하라

초판 1쇄 인쇄 2019년 12월 6일
초판 5쇄 발행 2022년 8월 22일

지은이 김지영
펴낸이 최익성
편집 송준기
마케팅 이유림 김민숙 임동건 임주성 홍국주
경영지원 이순미 임정혁
펴낸곳 플랜비디자인
디자인 ALL designgroup

출판등록 제2016-000001호
주소 경기 화성시 동탄첨단산업1로 27 동탄IX타워
전화 031-8050-0508
팩스 031-2179-8994
이메일 planbdesigncompany@gmail.com

ISBN 979-11-89580-22-3   03320

※ 이 도서의 국립중앙도서관 출판예정도서목록(CIP)은 서지정보유통지원시스템 홈페이지(http://seoji.
nl.go.kr)와 국가자료공동목록시스템(http://www.nl.go.kr/kolisnet)에서 이용하실 수 있습니다.(CIP
제어번호: CIP2019048612)

EXPERIENCE

러닝 퍼실리테이션을 위한  경험 디자인 기술

가르치지 말고 경험하게! 하라

김지영 지음

플랜비디자인

추천사

"당신의 리더십, 배움의 원천은 무엇이었나요?" 여러 번의 대중 강연에서 이 질문을 놓고 청중의 의견을 조사한 결과, 그 원천은 경험이었다. 인간은 경험을 통해 배운다. 설상 최악의 리더를 만난 경험일지라도 인간은 그 경험을 통해 성장한다. 교육기획자, 교수자로서 우리가 학습자에게 주는 가치가 정리된 이론과 논문 묶음인지, 아니면 깊이 있는 경험인지 돌아봐야 한다. 문서를 나눠주고 설명해주는 방식은 교육기획자, 교수자의 편의를 위한 수단인 경우가 많다. 우리의 편의가 아닌 학습자의 성장을 위한 배움을 준비해야 한다.

어떤 구체적 목표를 세우고, 어떤 단계를 거쳐서 그런 준비를 할지 막막하다면, 지금 당신이 펼친 이 책을 끝까지 탐독하기 바란다. 의미 있는 경험을 통해 성장하는 학습자는 교육기획자, 교수자의 여정을 가는 당신을 위한 최고의 동료이자 선물이다. 경험을 통한 배움의 여정, 그 길을 시작하는 당신을 이 책과 함께 응원한다.

• 김상균 (강원대학교 산업공학과 교수, <가르치지 말고 플레이하라> 저자)

수차례 직접 만나본 저자는 워크숍을 통해 '거꾸로 뒤집는 경험'을 만끽할 수 있게 하는 전문가 Flip Professional 였다. 가르침 Teaching 을 뒤집어 실질적인 배움 Learning 을 만든다. 어려운 것을 뒤집어 쉽고 유익하게 만든다. 따분하고 무기력한 경험을 뒤집어 활력이 넘치며 창조하는 즐거움을 느낄 수 있게 하는 경험으로 재창조한다.

가르치는 일을 업으로 하는 이들이 더 잘 가르치고자 하는 노력을 뒤집어, 잘 배우도록 돕는 역할에 집중하려면 어떤 일이 벌어질까? 특별한 콘텐츠를 만들고 전달하려는 노력보다, 학습자의 성장에 필요한 경험이 무엇일지 고민하는 조력자를 만날 수 있다면 무엇이 달라질까? 강의실 안에 앉아있는 이들을 수동적으로 학습하는 존재로 대하는 것이 아니라, 실제로 가치 있는 것을 만들어낼 수 있는 창조자Maker로 바라보고, 그들에게 필요한 경험을 설계할 수 있는 학습 퍼실리테이터가 되기 위해 필요한 것은 무엇인가?

뒤집어보는Flip 경험은 특별하다. 이런 경험을 선물하고 싶어하는 학습 조력 전문가들에게, 이 책은 더 좋은 학습 경험을 설계하는 친절한 안내서가 되어 줄 것이다.

• 박영준 (질문디자인연구소장, <혁신가의 질문> 저자)

직장인 중엔 '교육 회의론자'들이 참 많다. 심지어 기업에서 교육업무를 담당하는 HRD 담당자 조차 '교육한다고 바뀌겠습니까?'라는 의구심을 제기하곤 한다. 급변하는 시대의 흐름과 세대의 변화에 적응하지 못한 교육 현장의 모습이 아닐까? 수업 시간에 지식을 전달하는 것만으로도 충분히 가치 있던 시대는 저물었고, '가르친다'는 교수자 중심의 사고를 넘어 '배우게 한다'는 학습자 중심의 시대는 이미 도래했다.

그래서 이제 교수자는 '기존지식 전달자'를 넘어 '학습 경험 설계자'가 되어야 한다. 하지만 누군가의 학습 경험을 설계한다는 것은 쉽지 않다. 과학처럼 정교하게 설계하고 예술처럼 자유롭게 촉진하는 기술은 깊은 내공이 필요한 것임이 분명하다. 이 분야에 참고할 책이 참 없어서 누군가 그 내공을 쉽게 풀어 주길 바랐는데 마침 김지영 대표님이 그 일을 해 주셨다. 초고를 찬찬히 읽어보며 저자의 깊은 고민과 오랜 노력을 엿볼 수 있었다. 가치로운 교육을 함께 만들어갈 분들에게 일독을 권한다.

• 정강욱 (REALWORK# 대표, <러닝 퍼실리테이터> 저자)

교수자로서 우리는 전문성을 어떻게 활용하고 있었을까? 강의 안에 자신이 중요하다고 생각하는 내용만 채워놓고 있지는 않았을까? 이제는 내가 알려주고 싶은 것 위주로 강의하는 방식과 이별할 시점이다. 학습자 스스로 배우게 하고, 학습자의 삶과 연결할 수 있는 학습 경험을 제공하자. 저자는 이미 자신만의 교육적 신념을 기반으로 이를 실천하고 있다. 학습자에게 자연스럽게 스며들게 하는 학습 촉진자의 삶이 얼마나 큰 행복인지!

무엇보다 저자는 러닝 퍼실리테이터로서 학습자의 삶과 연결되어 있다. 그러한 설레는 경험을 모든 교수자가 함께 누려보기를 진심으로 바라는 마음이 느껴진다.

• 김윤미 (콘텐츠위드 대표)

지난 2년 간 저자와 함께 러닝 퍼실리테이션 공개 과정을 운영해오면서 곁에서 지켜본 저자는 탄탄한 교육학 지식과 교육에 대한 깊은 철학을 갖추고 러닝 퍼실리테이션에 대한 실용적인 지식을 나누는 촉진자입니다. 그리고 효과적으로 학습 경험 촉진하는 방법을 끊임없이 학습하는 겸손한 학습자입니다.

러닝 퍼실리테이터로서 저자의 숙성된 암묵지가 이 책을 통해 오롯이 형식지로 정리되어 출간된 것을 러닝 퍼실리테이터로서 진심으로 기쁘게 생각합니다. 저자는 이 책에서 러닝 퍼실리테이션 방법, 특히 그리고 러닝 디자인의 구체적인 방법을 아낌없이 나누고 있습니다. 구체적인 방법과 실제 사례들, 그리고 러닝 퍼실리테이터로 변신하기 위해 반드시 고민해 보아야 할 질문들이 책 속에 보석처럼 박혀있습니다. 이 책에서 소개하는 학습 경험 디자인 기술을 장착하게 된다면 '당신은 당신이 가르치는 강의의 학습자가 되고 싶은가?'라는 질문에 당당하게 'YES'라고 답할 수 있으리라 확신합니다.

• 박미경 (제니시스기술 이사, IAF-CPF(Certified Professional Facilitator))

흥미롭고, 유익하며, 게다가 쉽고 재미까지 있다. [가르치지 말고 경험하게 하라] 이 책을 단숨에 읽게 된다. 티처의 시대에서 러너의 시대가 도래했다. 러닝 퍼실리테이션에 대해 이해가 필요한 사람에게는 단비 같은 책이다. 이 책은 풍부한 지식과 통찰력 넘치는 학습 경험 디자인의 세계가 펼쳐진다.

• 윤영돈 (본하트코리아 대표, 윤코치연구소 소장)

교사로서 지식전달자가 아닌 학습 촉진자가 되고자 2010년부터 지금까지 퍼실리테이션 관련 공부를 하고 실천하고 있지만 늘 아쉬웠다. 김지영 대표님의 〈스파크 러닝 퍼실리테이션〉 과정을 통해 내가 정말 하고 싶은 것과 내가 무엇을 놓쳤는지를 분명하게 깨달았다. 학습자 중심의 교육을 하겠다고 하면서 나를 비롯한 교사들은 '무엇을 가르칠까' What '어떻게 가르칠까' How 에만 집착했다는 것이다! Why에 대한 고민을 놓친 것과 관련해서 이 책은 학습자의 안경을 쓰고 그들에게 필요한 학습 경험을 디자인하라고 알려준다. 교사는 학습자와 학습 내용의 연결을 돕고, 학습자 간들의 연결을 도와 집단 지성을 최대화시킬 수 있는 연결자가 되어야 한다는 통찰이 스파크처럼 터졌다. 빨리 학교 동료들과 함께 이 책을 읽고 함께 학습할 생각에 마음이 급해진다.

• 정유진 (신성중학교 교사, CF(Certified Facilitator))

당신은 지속 가능한가?

"당신은 지속 가능한 강의자입니까?"

가르치는 사람들에게 종종 묻는 말이다. 지속 가능한 경제, 지속 가능한 지구, 이런 말들은 들어 보았어도 '지속 가능한 강사'라는 말은 익숙하지 않은 탓에 다들 처음에는 이 질문에 고개를 갸우뚱거린다.

"5년 혹은 10년 후에도 학습자들이 계속 당신의 강의를 찾아주리라 생각하십니까?"

이렇게 다시 물으면, 대부분 자신이 없다는 표정으로 답을 하곤 한다. 지금까지는 강의 콘텐츠와 기술이 가르치는 사람들의 강력한 무기였다. 그래서 강의자들은 자기만의 콘텐츠를 만들고, 강의를 잘할 수 있는 기술을 익히려고 애를 써 왔다. 실제로 그동안에는 자기만의 좋은 콘텐츠를 가지고 적절한 강의 기술을 활용해서 강의를 하다 보면 소위 '명강사'라는 말을 어렵지 않게 들을 수 있었다.

그런데 자신만의 강의 콘텐츠도 있고 배워 둔 강의 기술도 있는데, 시간이 지나면서 그것들이 더는 작동하지 않는다는 느낌을 받을 때가 있다. 연식이 오래된 자동차처럼 그동안 잘 탔는데 어느 순간 여기저기에서 이상 신호를 보낸다. 강의하고 나면 "강의 너무 좋았어요"라는 참여자들의 피드백에 으쓱하곤 했는데, 시간이 갈수록 참여자들의 반응도 그리고 강의자로서 자신감도 낮아지기 시작한다. 예민하게 관찰하는 강의자라면 이때 "뭐가 문제이지?"라는 문제의식을 느낀다.

내 강의에 대해 정체감을 느낀다.
내 강의에 무언가 빠져 있는 것 같은데 그게 뭔지 모르겠다.
이제 강의에 뭔가 변화를 주고 싶다.

내가 진행하는 〈스파크 러닝 퍼실리테이션〉 과정을 수강하는 교육생들이 이런 속마음을 나누어 주는데, 강의하면서 무언가 불편함을 스스로 인지하거나 자신의 강의 역량이 지속 가능하지 않음을 빨리 알아차리고 변화를 취하는 강의자는 현명하다. 불편한 마음 혹은 상태를 알아차리지 못하거나, 알면서도 묵인하는 경우도 많다.

왜 최근에 많은 강의자가 강의에 대해 이런 불편함 혹은 불안감을 느끼는 것일까? 그 이유를 사회의 변화와 학습자의 변화에서 찾아보자. '지식 비대칭' 시대였던 과거에는 강의자가 학습자에 비해 훨씬 더 많은 지식을 가지고 있었다. 그래서 지식을 얻을 수 있다는 것 자체가 학습자가 강의를 찾는 중요한 동기였다. 그리고 강의자 입장에서는 학습자가 가지고 있지 않은 지식을 알려주는 것이 중요한 세일즈 포인트였다.

지금은 어떤가? 이제는 이 사람의 강의를 꼭 들어야만 접할 수 있는 지식이라는 것이 더는 존재하지 않는다. 어떤 내용이든 검색을 통해 쉽게 접근할 수 있게 되면서 '지식 대칭' 시대가 되었다. 앞으로 시간이 좀 더 지나면 역전 현상이 발생하여 오히려 강의자보다 더 많은 지식을 가진 학습자가 교육에 들어올 수도 있다. 이런 상황에서 학습자들은 단순하게 지식을 얻기 위해 교육을 찾지 않는다.

또 다른 변화 요인으로, '적시 학습just-in time learning' 시대가 오고 있다. 지식의 수명이 점점 더 짧아지고, 사회 변화의 속도가 빨라지다 보니 사람들의 학습 패턴이 달라지고 있다. 이제는 한 가지를 깊이 배워 오래 활용하기보다는, 필요한 내용을 적시에 배워서 활용하는 시대이다. 적시 학습에 대한 요구가 많아지다 보니 학습자들은 '살아 움직이는 지식', 즉 내가 현장에서 바로 활용할 수 있는 실용적인 지식을 배우고 싶어 한다.

당신의 강의는 무엇을 팔고 있는가?

지식 대칭 시대, 적시 학습 시대에는 어디서나 얻을 수 있는 지식 혹은 어렵고 추상적 지식을 제공하는 강의는 쉽게 외면을 받게 된다. 지속 가능한 강의자가 되기 위해서는 강의를 통해 학습자들에게 매력적인 가치를 제공해야 한다. 그 매력적인 가치라는 것이 무엇일까? 그것은 바로 지식 자체가 아닌 다른 무언가를 얻고 싶고, 배운 것을 바로 자신의 현장에 활용하고 싶은 학습자의 욕구를 채워주는 것이다. 강의가 그런 욕구를 채워줄 수 있어야 학습자들은 기꺼이 자신의 시간과 에너지를 투자하고 싶을 것이다.

"우리는 강의를 통해 무엇을 팔고 있을까요?"

이렇게 물으면 가르치는 사람들은 대부분 지식, 경험, 노하우 등을 판다고 말한다. "우리는 그것을 학습자들에게 그냥 전달하고 있나요? 아니면 팔고 있나요?"라고 추가로 물었을 때, 질문의 의도를 파악한 한 강사가 이렇게 답을 했다.

"저는 판다고 팔았는데 학습자가 사지 않았을 수도 있겠군요."

우리가 팔아야 하는 것은 우리가 가진 지식이나 노하우가 아니다. 학습자 입장에서 알고 싶은 지식이나 노하우이어야 한다. 미래학자인 다니엘 핑크의 말을 빌리자면, 우리는 학습자에게 '주의를 기울일 가치'를 팔아야 한다. '주의를 기울일 가치'는 다른 말로 하자면 '내 강의를 꼭 들어야 하는 이유'이다.

과거에는 그 가치가 콘텐츠였지만 이제는 그 가치가 빠르게 변하고 있다. 이제 강의는 학습자에게 콘텐츠가 아니라 의미 있는 학습 경험을 팔아야 한다. 그리고 지식이 아니라 지식을 자신의 것으로 만들 수 있는 지혜를 제공해야 한다. 이것이 바로 학습자들에게 매력적인 새로운 가치다.

이제 경험을 디자인하라

더 늦기 전에 변화의 파도에 올라타자. 가르치는 입장에서 팔고 싶은 가치가 아닌 학습자가 사고 싶은 가치를 생각하면서 강의를 변화시켜야 지속 가능한 강의자가 될 수 있다. 학습자들은 자신이 직접 지식을 만져보고 주물러보기를 원한다. 그리고 그것을 자신의 것으로 만들고 싶어 한다. 교재에 담긴 평면적이고 추상적인 지식을 배우는 것이 아니라 구체적이고 실체가 있는 배움을 얻고 싶어 한다. 한마디로 학습자들은 '경험'을 원한다.

이제 강의자는 '학습자의 학습 경험'을 디자인할 수 있어야 한다. 디자인한다는 것은 다른 말로 '기획'을 하는 것이다. 우리가 평소에 강의를 준비하는 과정은 기획에 가까울까? 아니면 계획에 가까울까? 기획과 계획이 어떻게 다른지 먼저 생각해 본다면 답을 쉽게 찾을 수 있을 것이다. 기획은 '진짜 이유' Real Why 를 찾아내는 것에서 시작한다. 책을 쓰는 일에 비유해보자면 "이 책이 누구에게, 왜 필요할까?"라는 질문에 대한 답을 찾아가는 것이 기획이다. 본인이 특별한 지식이나 경험이 있어서 그것을 알려주려고 무작정 책을 썼다가는 시장에서 쉽게 외면을 당하게 된다. Real Why에 대한 고민이 빠진 상태로 What만 풀어내서는 안된다.

"이 책이 독자들에게 왜 필요한가?"에 대한 답을 찾고 나면 책의 방향성이 정해지고, 그리고 나면 무엇을 어떤 순서로 쓸지에 대한 목차를 정리할 수 있다. 목차를 정하는 것까지, 즉 전체적인 스케치를 하는 단계까지가 기획이라고 볼 수 있다. 그 이후 목차별로 어떤 내용을 어떻게 담을지 정하는 것, 즉 그려 둔 스케치에 어떻게 색을 입힐지 고민하는 것은 계획이라고 볼 수 있다.

그렇다면 강의를 준비하는 과정은 기획일까 아니면 계획일까? 이 질문을 던지면 많은 강의자가 자신들은 기획한다고 답한다. 그런데 자세히 얘기를 들어 보면 계획인 경우가 많다. 자신의 강의가 학습자들에게 왜 필요한지 고민은 하지 않은 채 무엇을 알려줄까를 먼저 생각한다. 강의에 대한 What과 How에 집중하는 것이다. What과 How가 왜 필요한지에 대한 Why를 고민하지 않은 탓에 결과적으로 콘텐츠 위주의 '알려주기' 형식의 강의, 혹은 활동 중심의 '즐기기' 형식의 강의가 되어버리곤 한다. 이런 강의를 경험하고 나온 학습자들은 다음과 같은 상실감을 경험하곤 한다.

"뭔가 열심히 들은 것 같은데 내가 뭘 배웠지?"

강의를 기획한다는 것은 내 강의의 맥락Context 을 만드는 과정이라고 볼 수 있다. 내 강의가 학습자들에게 어떤 의미가 있을지 고민하고, 학습자들에게 어떤 가치를 줄 수 있는지 고민하는 과정이다. 앞서 많은 강의자가 좋은 콘텐츠와 효과적인 강의 기술이라는 두 가지 무기를 가지기 위해 애쓴다고 이야기했는데, 사실 이 두 가지 무기보다 더 강력한 무기를 놓치고 있다. 그것은 학습자들에게 필요한 학습 경험을 파악하고 디자인하는 것이다. 우리가 강의를 통해 파는 것은 학습자에

게 가치 있는 경험이고, 강의를 기획한다는 것은 학습 경험을 디자인
하는 것이다. 학습 경험이 주연이고, 콘텐츠와 강의 기술은 학습 경험
을 촉진하는 조연이다. 그런데 여전히 많은 강의자가 주연보다 조연에
더 많이 집중하고 있는 듯하다.

러닝 퍼실리테이션을 위한 경험 디자인 가이드

나는 사람들에게 나를 LED로 소개한다. LED 전구는 일반 전구보
다 더 밝고 더 오래가고 에너지 효율도 높다. LED 전구처럼 사람들에
게 좀 더 명확하고, 좀 더 오래 활용할 수 있고, 좀 더 효율적인 배움을
전달하고 싶다는 의미도 있지만, 사실 LED라는 말은 학습 경험 디자
이너 Learning Experience Designer 의 약자이다. 나는 강연, 퍼실리테이션, 글
쓰기, 교육용 교구 만들기 등 여러 가지 일을 하고 있는데, 이 모든 일
은 의미 있는 경험을 디자인하여 학습자들의 배움을 촉진하는 LED로
서의 일이다.

이 책은 나처럼 학습자의 배움을 촉진하고자 하는 사람들을 위한 경
험 디자인 가이드이다. 알고 있는 지식을 일방적으로 알려주는 강의
방식에서 벗어나 학습자에게 필요한 학습 경험을 디자인하고 촉진하

는 러닝 퍼실리테이션을 활용하고자 하는 강의자들을 위한 책이다. 우리가 무언가를 '가르치겠다'라는 의도를 가지고 있는 한은 계속 콘텐츠에 집중할 수밖에 없다. 그러나 학습자들이 잘 배울 수 있도록 '촉진하겠다'라는 의도를 가지게 되면 학습자들에게 필요한 경험에 자연스레 관심을 가지게 된다. 학습자의 경험을 잘 디자인하기 위해서는 '나는 왜 강의를 하는가?'에 대한 근본적인 질문과 마주해볼 필요가 있다. 본인의 강의 철학을 재점검해보는 것이다. 아무리 좋은 도구를 가지고 있어도 그것을 활용하는 방향이 잘못되어 있다면 그 도구의 힘은 떨어질 수밖에 없다.

이 책의 앞부분은 철학에 관한 내용을 다루고 있다. 학습 경험 디자인을 위한 준비 운동이라고 생각하고 준비 운동부터 함께 천천히 따라오기를 추천한다. 책의 뒷부분에서는 경험 디자인 방법을 단계별로 소개한다. 〈스파크 러닝 퍼실리테이션〉 과정에서 안내하는 내용인데, 실제로 이 과정을 듣고 많은 강의자가 설계 부분에서 가장 큰 도움을 받았다고 피드백을 주었다. 이 설계 방법을 배워서 자신의 강의를 새롭게 리셋reset 하였고, 자신도 그리고 학습자들도 좀 더 만족스러운 강의를 할 수 있게 되었다고 수강생들이 이야기해주었다. 책을 통해 그들의 변화 사례들도 엿보게 될 것이다. 이 책에서 소개하는 학습 경험 디

자인 방법을 익혀 자신의 강의에 적용해 본다면 가르치는 사람에서 러
닝 퍼실리테이터로, 콘텐츠 소유자에서 경험 디자이너로 변신하는 것
이 훨씬 수월해질 것이다. 이 책이 경험 디자이너로서 지속 가능한 힘
을 키우는데 도움이 될 수 있기를 바란다. 자, 이제 LED가 되는 학습
여정을 함께 떠나보자.

CONTENTS

PART 01
가르치는 시대는 이미 지났다

PART 03
학습 경험 디자인을 위한 준비

러닝 퍼실리테이션을 위한
경험 디자인 기술

EXPERIENCE DESIGN

PART **01**

가르치는 시대는
이미 지났다

LEARNING FACILITATION

내 강의,
뭐가 문제일까?

어떻게 하면 강의를 잘 할 수 있을까?

강의를 처음 시작하는 사람들은 이런 고민을 한다. 그러나 어느 정도 강의 경험이 쌓이면 이제 다른 고민이 고개를 들기 시작한다.

내 강의, 뭐가 문제일까?

강의에 대한 열정을 가지고 여기 저기서 배운 강의 기술을 활용해 강의를 했을 때 처음에는 나름 통했는데, 시간이 갈수록 내 강의에 무언가 빠진 느낌이 들기 시작한다.

나는 정말 열심히 준비했는데,
왜 학습자들의 반응이 신통치 않지?
아… 오늘도 혼자 떠들고 나온 느낌,
뒤통수가 따가운 느낌, 이 느낌은 뭘까?
내가 강의를 계속할 수 있을까?

학습자 입장이 되어 보다

나도 이런 고민을 한 적이 있었다. 나름 전문가라고 자부하며 어깨에 힘을 주며 알고 있는 것을 학습자들에게 많이 알려주려고 욕심을 부렸다. 이것도 중요하고 저것도 중요하다는 생각이 들어 이런 저런 내용을 강의에 구겨 넣었다. 이렇게 중요한 내용을 꽉꽉 넣어서 충실하게 강의를 준비했는데 학습자들의 반응이 신통치 않을 때는 괜히 열심히 듣지 않는 학습자들을 원망했다.

그런데 다양한 교육을 찾아서 듣기 시작하면서, 강의자의 역할이 아닌 학습자의 역할이 되어보면서, 내 강의의 문제점과 해결 방안이 눈에 들어오기 시작했다. 내가 어떤 교육에 흥미를 느끼고 몰입되는지, 어떤 교육을 유용하다고 느끼는지 분석해 보면서 나의 고민에 대한 실마리를 찾을 수 있었다.

아무리 좋은 콘텐츠라도 내가 만져보고 느껴볼 수 없다면 혹은 나와의 연결 고리를 발견할 수 없다면 내 관심을 끌지 못했다. 나는 '살아있는 지식'을 원했다. 그리고 그 '살아있는 지식'에서 '의미'를 발견하고 싶었고 그것을 내 삶에 적용하고 싶었다. 학습자로서 이런 경험들이 켜켜이 쌓이면서 내가 알려주기, 가르치기에 급급했다는 사실을 깨달았다. 알려주는 것이 강의자로서 나의 역할이라고 생각했고, 학습자들이 원하는 것은 내가 제공하는 콘텐츠라고 생각했다. 강의자로서 내가 하는 강의와 학습자로서 내가 원하는 강의 사이에 갭 Gap 이 크다는 사실을 발견한 것은 변화를 위한 중요한 터닝포인트가 되었다. 나는 요즘도 계속해서 교육생이 되어보는 경험을 한다. 학습자가 되어보는 경험이 강의자로서 나를 성장시키기 때문이다.

당신이 가르치는 수업의 학습자가 되고 싶은가?

당신이 가르치는 수업의 학습자가 되고 싶나요?

강의하시는 분들을 만나면 자주 묻는 말이다. 이 질문을 던지면 대부분은 살짝 당황한다. 본인 강의의 학습자가 되어보고 싶은지 한 번도 생각해 본 적이 없기 때문이다. 이 질문을 던지는 이유는 나에게 이 질문을 던져보았던 것이 내 문제를 인식하는데 큰 도움이 되었기 때문이다. 강의하다 보면 '정체감'을 느끼는 순간이 오곤 한다. 그 순간에 다음 질문들을 스스로 던져보고 내가 학습자라면 어떤 강의를 원할지 생각해보길 바란다.

나는 언제 배우고자 하는 동기가 생기는가?

나는 언제 배우는 과정에 몰입하게 되는가?

나는 언제 더 배우고 싶어지는가?

나는 언제 내가 직접 참여를 하고 싶어지는가?

나는 언제 배움이 일어난다고 느끼는가?

특히 마지막 질문이 중요한데, 이 책을 읽는 독자들도 한번 답을 해보길 권한다.

'배움이 일어난다' 나에게는 어떤 의미인가?
- 생각나는 대로 적어보자 -

_____

_____

_____

_____

_____

위 질문을 던지면 이런 답변들이 나온다.

> ✓ 새로운 시각을 가지게 되었다.
> ✓ 알고 있는 것들이 통합되었다.
> ✓ 나를 점검하게 되었다.
> ✓ 모르고 있는 것을 발견했다.
> ✓ 큰 그림을 보게 되었다.
> ✓ 내 삶의 적용 포인트를 발견했다.
> ✓ 더 배우고 싶어진다.
> ✓ 다른 사람에게 알려주고 싶다.

나는 종종 가르치는 사람들에게 '배움이 일어난다'는 의미를 적어보게 한 후에 진짜 묻고 싶은 이 핵심 질문을 던진다.

그렇다면 당신의 강의는 이런 배움이 일어나게 하고 있나요?

그러면 '아~'하는 짧은 감탄사 소리가 여기저기서 들린다. 이 짧은 감탄사는 내 강의의 문제점을 발견했을 때 내 마음속에서 들렸던 소리와 유사하다. '내가 원하는 배움'과 '내 강의가 주는 배움' 사이에 갭이 있다는 것을 발견하는 것은 강의 혁신을 위한 유용한 자극이다.

강의자로서 느끼는 정체감이나 불안감은 잘하고 싶은 욕구와 실제 수행 사이의 차이에서 오는 경우가 많다. 본인의 기대치는 높은데 실제로 그만큼 하지 못할 때 이런 감정을 느끼곤 한다. 강의자로서 효능감 혹은 자신감을 높이고 싶다면 내가 듣고 싶은 강의를 하기 위해 노력하면 된다. 이를 위해서는 늘 쓰던 안경이 아닌 새로운 안경을 써보자. 그동안 '강의자 중심 안경'을 썼다면 이제 '학습자 중심 안경'으로 바꾸어 써보면 어떨까?

학습자가 경험할 수 있는 강의인가?

> 면이나 탕을 제공하는 식당에서 종종 실수하는 것이
> 인심 쓴다고 국물을 많이 주는 것입니다.

백종원 씨가 어느 요리 프로그램에 나와 식당 영업과 관련한 조언을 하면서 했던 말이다. 그가 국물량의 중요성을 말하는 부분이 상당히 흥미로웠다. 백종원 씨는 손님들이 후루룩~하고 국물까지 다 마실 수 있는 양이 가장 최적화된 국물의 양이라고 설명했다. 그 이유는 손님들이 국물까지 싹 비워야 비로소 "아 맛있게 잘 먹었다"라고 말하며 음식에 대한 만족감을 느낄 수 있기 때문이다. 국물이 너무 많아 후루룩 다 마시지 못하고 남기게 되면 그 국물을 보면서 손님들은 "뭔가 좀 아쉽네"라는 생각을 하게 된다고 한다. 백종원 씨의 설명을 듣고 내 경험을 돌아보니 정말 그랬다.

국물을 많이 주는 것이 손님을 위해 후한 인심을 쓰는 것이고 그래야 손님들도 좋아할 것이라는 생각은 식당 주인만 가지는 것이 아니다. 가르치는 사람도 많이 알려주는 것이 학습자에 대한 호의라고 생각한다. 그런데 강의를 듣는 입장에서는 강의에서 제공한 콘텐츠의 국물을 다 마실 수 없게 되면 오히려 만족감이 떨어질 수 있다. 양은 많이 주었으나 내가 다 마실 수 없으니 아쉬움이 남게 된다. 국물을 후루룩 다 마실 수 있게 한다는 것을 강의에 비유하면 학습자들이 적당한 양의 콘텐츠를 다 마셔볼 수 있도록 한다는 것이다. 맛이 좋고 양이 적당해야 하며 더 중요한 건 학습자들이 직접 마셔볼 수 있어야 한다.

그런데 가르치는 사람은 종종 국물을 너무 많이 주는 실수를 범한다. 학습자들이 국물을 후루룩 마셔 보고 싶어 한다는 사실을 인지하지 못하고 그릇에 무조건 많이, 보기 좋게 담아주려고 애쓴다. 강의에 담긴 콘텐츠는 너무 좋아 보이는데 직접 맛을 경험할 수 없어 '그림의 떡'과 같다고 느낀 경험이 누구나 한 번쯤 있을 것이다. "학습자가 내 강의를 후루룩 마실 수 있을까?" 이런 생각을 하는 것도 앞서 설명한 '학습자 중심의 안경'을 써보는 것이다. 기억하자. 강의를 준비하는 사람은 강의자다. 그러나 그것을 경험하는 사람은 학습자이다.

학습자가 교육을 찾는 진짜 이유

요즘 학습자들이 교육을 찾는 이유는 무엇일까? 그것을 이해하면 '학습자 중심의 안경'을 쓰기가 쉬워진다. 어떤 학습자들은 본인들이 강의를 정말 듣고 싶어서 찾아온다. 반면 어떤 학습자들은 강의에 포로로 끌려오기도 한다. 두 그룹이 강의를 듣는 '동기'와 '열정'은 물론 다르겠지만 사람들이 어떤 강의에 끌리는지는 비슷하다. 그 '끌림의 법칙'을 이해하면 답을 찾기가 쉬워진다.

학습자들은 각자의 의미를 찾고 싶어 한다

어떤 교육에 학습자들이 30명이라고 생각해보자. 그러면 교육에 대한 30가지 다른 요구나 관심을 가진 사람들이 있다고 보면 된다. 왜냐하면 각 학습자는 강의를 들을 때 각자의 WIFM을 켜고 듣기 때문이다. WIFM는 'What's In It For Me'의 줄인 말인데, 각자 WIFM을 켠다는 것은 각각 학습자는 교육에 와서 "이게 나에게 무슨 의미가 있지?"라는 생각을 한다는 의미이다. 물론 학습자 중에서는 정말 아무런 관심 없이 포로처럼 끌려와서 교육을 듣는 사람도 있겠지만, 그런 학습자들도 교육을 듣다가 WIFM을 발견하게 되면 갑자기 떨구고 있던 고개를 들어 올리고 몸을 앞으로 숙이면서 집중하기 시작한다.

그렇다면 30명을 모두 만족시킬 수 있는 콘텐츠를 제공하면 되는 것일까? 아쉽게도 그런 매직 콘텐츠는 존재하지 않는다. 강의 '맞춤화'에 대해 수제화를 만드는 것처럼 각 고객의 발크기에 딱 맞는 것을 만들어야 한다는 부담을 갖는 경우가 있다. 그런데 이는 현실적으로 불가능하다. 강의하기 전에 참여자들의 발 사이즈를 모두 미리 재어볼 수 없다. 우리가 알고 있는 것은 다양한 발 사이즈를 가진 다양한 필요와 요구를 가진 학습자가 강의를 듣는다는 것이다. 그리고 그들은 모두 자신의 사이즈에 맞는 신발을 하나씩 가지고 가고 싶어 한다는 것이다.

기존의 가르치는 방식으로는 다양한 요구와 필요를 가진 학습자들의 WIFM을 맞추기는 현실적으로 어렵다. 가르치는 강의 방식 자체는 일대다−對多 라는 학습 구조를 가정하기 때문이다. 사전에 학습자들의 요구를 최대한 파악하여 강의를 준비하면 좋지만, 내가 생각하는 좀 더 현실적인 대안은 학습자들이 원하는 것을 교육에서 스스로 만들어서 가져갈 수 있도록 하는 배움의 장을 만들어주는 것이다. 다른 말로 어떤 지식이라는 완성품을 제공하려고 하기보다는 학습자들에게 다양한 재료를 제공해주고 개별적으로 혹은 협력적으로 그것들을 활용해 필요한 경험을 만들어가도록 돕는 것이다.

학습자들은 필요한 것을 얻고 싶어 한다

요즘 학습자들은 똑똑하다. 그리고 매우 실용적이다. 워낙 좋은 교육들에 많이 노출되어 있어서 교육에 대한 입맛이 매우 까다롭다. 고만고만한 콘텐츠를 가지고 있거나 진부한 강의 방식을 활용하거나 강의자가 특별한 탁월함이 없으면 그 교육에 쉽게 지갑을 열지 않는다. 여기에서 지갑은 실제 교육비를 의미하기도 하지만 그들이 쓰는 시간이나 에너지를 의미하기도 한다. 다른 교육에서는 제공하지 못하는 특별한 가치가 있어야, 다른 말로 '구매할 만한 가치'가 있어야 관심을 가진다.

그렇다면 요즘 학습자들에게 '구매할 만한 가치'를 제공하는 교육은 어떤 교육일까? 백화점에서 어떤 상품을 팔고 있는데 똑똑한 고객이라면 그것이 세일 중이라고 해서, 보기에 좋아 보인다고 해서, 혹은 많은 사람이 구매한다고 해서 덥석 구매하지 않는다. 구매에 있어 가장 중요한 기준은 '나에게 필요한가?'이다. 이것을 구매했을 때 나에게 어떤 이익이 되는지를 꼼꼼하게 따져본다. 요즘 학습자들도 마찬가지다. 그들은 실용적인, 실제 활용 가능한 지식을 원한다.

강의자를 힘들게 하는
우리 교육의 딜레마

> "저도 가르치지 않고 학습자들이 스스로 배우게 하고 싶어요.
> 그런데 학습자들이 그걸 원하지 않아요.
> 수동적이고 시켜도 참여하지 않고 그냥 가르쳐 주길 원해요."

강의하는 분들에게서 많이 듣는 이야기다. 학습자가 안 따라주니까 나는 이렇게 강의를 할 수밖에 없다고 말을 한다. 특히 학교 현장에서 아이들을 가르치는 분에게서 이런 말을 종종 듣는다. 그런 현장에서 가르쳐본 사람으로서 충분히 공감이 되지만, 이것이 기존의 가르치는 방식을 고수하는 이유가 되지는 않았으면 한다. 오히려 왜 학습자들이 수동적인지에 대해서 조금 더 깊이 고민을 해보았으면 한다.

강의자와 학습자가 서로를 비난하는 불편한 진실

이른바 4차 산업혁명 시대가 도래하면서 우리 교육이 바뀌어야 한다는 목소리가 높다. 지금까지 해왔던 지식 위주의 암기식 교육으로는 미래 사회에서 필요로 하는 실질적인 역량들을 키워줄 수 없기 때문에 교육하는 방식이 바뀌어야 한다는 지적을 한다. 나도 〈다섯 가지 미래 교육 코드〉 책에서 이 문제를 다루었다. 인생이라는 장거리를 뛰어야 하는 우리 아이들이 꼭 키워야 할 역량을 자기력, 인간력, 창의융합력, 협업력, 평생배움력이라는 다섯 가지로 정리했는데, 실제 이 역량들은 지금까지와 같은 일방적인 가르치기 방식으로는 키워 주기 힘든 역량이다. 학생들이 학습 과정에서 주인공이 되어 보는 경험을 통해 비로소 키울 수 있는 역량이다.

그동안 우리 교육 시스템에서는 지식을 잘 습득하고 잘 평가받는 것이 성공적인 학습자의 기준이었기 때문에 소극적인 학습자들을 무조건 비난할 수는 없다. 안타깝게도 우리는 그동안 적극적인 학습자가 되어보는 경험을 많이 하지 못했고, 학습의 경험을 주체적으로 만들어 나가는 교육의 가치를 몸소 느낄 기회를 별로 가지지 못했다.

우리 교육이 가진 딜레마는 이렇다. 미래사회에서 요구하는 교육의 방향과 인재상, 지금의 교육 방식, 학습자들의 학습 역량, 이 세 가지 사이에 큰 간극이 존재한다. 그러다 보니 그 딜레마 안에서 교육을 해야 하는 강의자는 때로는 절망감 때로는 좌절감을 맛보게 된다.

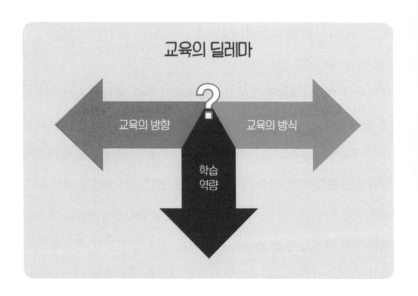

이런 딜레마는 안타깝게도 가르치는 사람과 배우는 사람들이 서로를 비난하는 상황을 초래하기도 한다. 학습자들은 "잘 가르치지 않아서 못 배운다"고 말하고, 또 강의자들은 "학습자들이 열심히 하지 않아서 가르치지 못한다"고 말한다. 서로 이런 비난을 하는 이런 현실이 참으로 안타깝다.

명학습자가 되도록 돕다

우리 교육을 바꾸기 위해서는 강의자와 학습자 모두의 변화가 필요하다. 가르치는 사람들은 학습자들이 잘 배우는 역량을 키우도록 도와야 한다. 자신의 콘텐츠를 전달하는데 급급하거나, 소위 '명강사'가

되려고 애쓰기보다는 내 강의를 통해 학습자들이 '명학습자'가 될 수 있도록 도와야 한다. 여기서 내가 말하는 명학습자는 평생 학습 시대에 중요한 역량으로 강조되고 있는 배우는 방법을 배우는Learning how to learn 학습자다. 이 시대에 가르치는 일을 하는 사람이라면 누구나 우리가 만나는 학습자들이 명학습자가 되도록 돕는데 사명을 가졌으면 한다.

학습자들도 마찬가지로 변화가 필요하다. 강의자가 전달해주는 지식은 자신의 배움을 만들어가는데 필요한 재료일 뿐이다. 이 재료를 가지고 자신에게 필요한 지혜, 적용, 성찰 등을 스스로 만들어 가겠다는 태도를 가지고 교육에 참여해야 학습자들도 진짜 배움을 가져갈 수 있다. 학습자들도 자신들의 배움에 대해 좀 더 주도성과 책임감을 가져야 한다.

지금처럼 가르치기 중심의 강의를 하는 것은 우리 교육을 계속 역방향으로 끌고 가는 일이다. 우리가 학습자 중심의 안경을 쓰고 그들이 어떻게 하면 더 잘 배울 수 있을지를 고민하는 일은 내 강의만을 위한 고민이 아니다. 이는 우리 교육을 바꾸기 위한 더 높은 차원의 고민이다. 교육이 가진 딜레마를 불평하기보다는 그것을 해결하기 위해 할 수 있는 일들을 적극적으로 해 나가는 강의자가 더욱더 많아지길 기대한다.

가르치지 않기를 선택하다

앞서 이야기했듯 강의자가 일방적으로 학습자들에게 무언가를 가르치는 시대는 지났다. 이제는 의도적으로 가르치지 않기를 선택할 필요가 있다. 여기서 가르치지 않는다는 것은 크게 다음과 같은 세 가지 의미를 지닌다.

가르치지 않는다는 의미

- 일방적으로 강의하지 않는다.
- 티칭이 아닌 러닝에 목표를 둔다.
- 강의 콘텐츠보다는 학습 경험을 설계한다.

가르치지 않는다는 의미

1. 일방적으로 강의하지 않는다.

가르치지 않는다는 것은 내가 일방적으로 강의하지 않는다는 의미다. 지식 혹은 노하우를 한쪽에서 일방적으로 흘려보내는 식의 강의는 강의자 입장에서는 미션을 완료했다고 느끼게 하지만, 학습자 입장에서는 "아 그렇구나" 혹은 "응, 맞아"라고 맞장구만 치고 끝나버릴 가능성이 크다.

2. 티칭이 아닌 러닝에 목표를 둔다.

일방적으로 강의를 하지 않는다는 것은 두 번째 의미와 자연스럽게 연결이 된다. 가르치지 않는다는 것은 나의 티칭보다는 학습자들의 러닝에 목적을 둔다는 의미이다. 좀 더 구체적으로는 학습자에게 꼭 필요한 배움이 무엇일지 고려하고, 학습자들이 그것을 얻어갈 수 있도록 적극적으로 돕는다는 뜻이다.

3. 강의 콘텐츠보다 학습 경험을 설계한다.

티칭이 아닌 러닝에 초점을 둔다는 것은 강의 설계 자체를 다르게 하는 것이다. 티칭의 관점에서 설계할 때는 무엇을 가르칠까, 즉 강의 콘텐츠를 먼저 고민하게 된다. 그러나 러닝의 관점에서 설계할 때는, 학습자들이 무엇을 경험하면 좋을까를 고민한다. 다른 말로 학습자들이 교육을 통해 가지게 될 구체적인 경험을 설계한다.

가르치지 않기를 선택해야 하는 이유

얼마 전에 지인이 '저는 행복하기로 선택했어요'라고 이야기하는 것을 들었다. 그 말에서 단호함과 현명함이 느껴졌다. 행복은 그냥 오는 것이 아니라 결심이 필요하다. 나를 행복하지 않게 하는 것들을 의도적으로 차단하고, 행복하게 하는 것들과 가까이하겠다는 결심이다. 내 행복을 느끼게 하는 감각들에 더 많은 접촉의 기회를 주겠다는 결심이다. 가르치지 않겠다고 선택한다는 것도 이처럼 결심이 필요하다. 의도적으로 그동안 자주 써온 가르치기의 근육을 덜 쓰고 안 쓰던 다른 근육들을 더 많이 쓰겠다는 의지가 필요하다. 내가 주도권을 쥐기보다는 학습자들에게 주도권을 돌려주겠다는 다짐이 필요하다.

가르치지 않겠다고 선택하기는 쉽지 않은 결심이다. 그동안 가르쳤던 방식이 익숙해서 그 근육을 의도적으로 안 쓰는 것이 어렵기 때문이다. 그런데도 불구하고 가르치지 않기로 선택하는 것은 가치 있는 일이다. 가르치지 않기로 선택하는 일은 강의를 하는 나에게도 도움이 되고, 나를 만나는 학습자들에게도 도움이 된다. 배움을 촉진하는 역량을 키우는 것은 강의자로서 나의 지속 가능한 힘을 기르는 것이다. 지속 가능한 힘이 있다는 것은 미래에도 계속 가르치는 사람으로서 전문성을 꾸준하게 발휘할 수 있다는 의미이다.

가르치지 않기로 선택하는 것은 학습자들에게 독립적이고 자율적인 학습자가 될 기회를 좀 더 많이 주겠다는 의미다. 학습자의 역량을 높여주는 강의는 우리 교육의 질을 높이는 데도 기여할 수 있다.

가르치지 않기로 선택하는 것은 다음 장에서 소개할 '러닝 퍼실리테이션'을 하기 위한 가장 첫 번째 관문이다. 당신도 가르치지 않고 촉진하기로 선택했는가? 그렇다면 이제 배움을 촉진하는 러닝 퍼실리테이터로 변신하는 길을 떠나보자.

학습자 중심 교육, 무엇이 다른가?

학습자 중심 교육의 목표는 티칭 Teaching 이 아니라 러닝 Learning 이다. 학습자의 러닝을 돕기 위해 가르치는 사람은 촉진자, 가이드의 역할을 한다. 교육하면서 학습자가 지식을 단순하게 습득하기보다는 스스로 사고하고 발견할 수 있도록 하는 데 초점을 둔다. 학습자를 적극적 지식 구성자로 바라보기 때문이다. 학습자 중심 교육은 교수자의 통제보다 학습자의 자율에 더 큰 가치를 둔다. 이를 위해 설계를 할 때 무엇을 가르칠 것인가가 아니라, 어떤 학습 경험을 하도록 할 것인가를 고민한다. 그리고 실제 교육을 진행할 때 설명하는 방법보다는 질문하거나 다른 학습자들과 함께 학습하게 하는 방법을 활용한다. 교수자 중심 교육에서는 교재가 중요한 교육의 도구이지만, 학습자 중심 교육에서는 러닝을 돕기 위한 프로세스가 중요한 도구가 된다. 그런 의미에서 학습 경험의 프로세스를 설계하는 것은 학습자 중심의 교육을 위한 핵심적인 활동이다.

구분	교수자 중심	학습자 중심
목적	티칭(teaching)	러닝(learning)
역할	내용 전문가	촉진자/가이드
초점	지식 습득	사고, 발견
학습자를 보는 관점	수동적 지식 습득자	적극적 지식 구성자
가치	통제	자율
계획	학습 내용	학습 경험
방법	설명하기	질문하기/협력학습
도구	교재	프로세스

러닝 퍼실리테이션을 위한
경험 디자인 기술

EXPERIENCE DESIGN

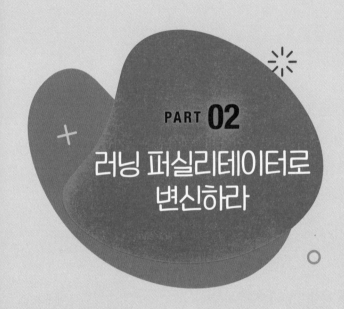

PART **02**

러닝 퍼실리테이터로
변신하라

LEARNING FACILITATION

러닝 퍼실리테이션이란?

러닝 퍼실리테이션이란 용어가 익숙하지 않은 독자들을 위해 러닝 퍼실리테이션에 대한 개념을 먼저 살펴보자.

러닝 Learning 과 퍼실리테이션 Facilitation 이 만났을 때

영어로 Learning Facilitation은 배움 Learning 과 촉진 Facilitation 이 합쳐진 단어인데, 퍼실리테이션의 어원은 '쉽게 하다'라는 뜻을 가진 Facile이다. Facilitation은 일반적으로 무언가를 '쉽게 하다' 혹은 '용이하게 하다'의 의미가 있다. '배움'을 의미하는 Learning은 우리에게 익숙한 '학습' Study 과 그 의미가 조금 다르다. '학습하다'의 초점이 '목적어' 즉 무엇을 배우는지에 맞추어져 있다면, '배우다'의 초점은 조금 더 배우는 '주체'에 맞추어져 있다.

러닝 퍼실리테이션을 배웠어. VS. 러닝 퍼실리테이션을 학습했어.

이 두 문장을 생각해보자. 누군가가 "러닝 퍼실리테이션을 배웠어"라고 말하면 배움의 의미 혹은 배움의 결과에 대해 궁금증을 갖게 된다.

배워서 뭐가 좋아?
배워서 어떤 도움이 되었어?

그러나 누군가가 "러닝 퍼실리테이션을 학습했어"라고 말하면 무엇을 학습했는지의 내용을 궁금해 할 것이다.

배움이란 단어인 Learning에는 '-ing'가 붙는다는 사실이 흥미로운데, 나는 'ing'가 배움이 가진 '역동성' 혹은 '진행성'을 의미한다고 생각한다. 학습은 종종 어떤 단기 목적을 가지고 하는 경우가 많다. 특정 시험을 위해, 어떤 자격증 취득을 위해 그것에 필요한 내용을 학습하고 그 목표가 달성되면 학습의 여정은 끝난다. 그러나 배움이라는 것은 좀 더 장기적인 경우가 많고 목표 달성도 중요하지만 배움의 과정 자체도 중요하다. 그런 맥락에서 '우리는 인생을 학습한다'라고 말하지 않고 '인생을 배운다'라고 말한다. 배움의 주체인 '나'가 중요하고 그것을 배워가는 과정 자체가 의미 있기 때문이다. 그런데 러닝이나 배움이라는 용어가 익숙하지 않기 때문에 이 책에서 우리에게 익숙한 학습이라는 용어를 배움이라는 의미를 포함하는 것으로 이 책에서는 활용하고자 한다.

러닝 퍼실리테이션, 뭐가 다를까?

> 학습자의 입장에서 최적의 학습이 될 수 있도록
> 학습 경험을 디자인하고
> 학습 과정을 촉진하는 활동

나는 이렇게 러닝 퍼실리테이션을 정의하는데, 이 정의를 좀 더 자세히 살펴보도록 하자.

1. 학습자 입장에서 최적의 학습이 되도록 한다

위 정의에서 '학습자의 입장에서 최적의 학습'이라는 부분이 매우 중요하다. 가르치는 방식으로 강의할 때는 강의자의 입장에서 최적의 강의안을 짜는 경우가 많다. 강의자가 의도한 목표를 중심으로 자신이 잘 알고 있어 가르치기 쉬운 내용, 익숙한 강의 방식을 넣어 강의안을 짠다.

그러나 러닝 퍼실리테이션을 한다는 것은 철저하게 학습을 하는 주체에 초점을 맞추는 것이다.

'학습자 입장에서 최적의 학습'을 고민한다는 것은 구체적으로 주도성, 상태, 결과라는 세 가지를 고민하는 것이다.

학습자 입장에서 최적의 학습을 고민하는 질문	
주도성	어떻게 학습자를 주인공이 되도록 할까?
상태	어떻게 학습자를 효과적인 상태에 머물도록 할까?
결과	어떻게 학습자에게 의미 있는 학습 결과를 만들까?

첫 번째로 '주도성'이라는 입장에서 러닝 퍼실리테이션은 어떻게 하면 학습자를 학습 과정에 주인공으로 참여시킬 것인가를 고민한다. 그들을 배움의 주체가 되도록 만들지 못하고 강의자가 계속 끌고 가는 형태가 된다면 그건 진정한 러닝 퍼실리테이션이라고 할 수 없다.

두 번째로 러닝 퍼실리테이션은 학습자들의 '상태'에 관심을 둔다. 상태가 포함하는 것은 동기, 몰입, 효능감 등이다. 이는 앞서 설명한 '주도성'과도 관련이 있는데 학습자가 주도적으로 학습 과정에 참여하도록 촉진하기 위해서는 효과적인 상태를 만들어주는 것이 필요하다. 배움에 대한 관심을 불러일으키고, 몰입 경험을 제공하고, 참여하고 싶은 동기를 유지시키며, 자신감을 키워주어야 한다. 이런 상태를 만들어주지 못하면 학습 과정에서 주도성과 역동성이 살아나지 못한다. 강의자가 혼자서 가르치는 강의를 하는 경우에는 굳이 학습자의 상태에 관심을 크게 두지 않는다. 학습자들은 강의를 듣는 혹은 지식을 받아들이는 수동적인 역할을 한다고 생각하기 때문이다.

마지막으로 학습 과정 및 결과가 학습자들에게 의미 있어야 한다. 그러기 위해서 학습자들이 문제를 해결하고, 그들이 원하는 혹은 그들에게 필요한 변화를 만들어 나가는 과정을 도와야 한다. 이를 위해서는 철저하게 학습자 관점에서 교육이 어떤 의미가 있는지 물어야 하며, 자신의 콘텐츠를 학습자에게 의미 있는 학습을 위한 재료로 재구성할 수 있어야 한다.

2. 학습 경험을 디자인한다

러닝 퍼실리테이션에 대한 정의 중에서 두 번째로 중요한 부분이 바로 '학습 경험을 디자인한다'이다. 학습자 입장에서 최적화된 학습을 목적으로 삼았다면 그 다음 과정은 그런 학습을 돕는 경험을 디자인하는 것이다. 여기서 중요한 키워드는 '경험'과 '디자인'이다. 가르치는 것을 목적으로 강의를 설계할 때 강의자가 가장 먼저 고민하는 것은 '무엇을 가르칠까?' 즉 강의 콘텐츠이다. 그러고 나서 그 콘텐츠를 어떻게 하면 효과적으로 전달할지에 대한 방법을 고민한다.

그러나 러닝 퍼실리테이션을 하기 위해서는 강의 콘텐츠가 아닌 학습자의 경험을 먼저 고민해야 한다. 콘텐츠가 주인공이 아니라 학습자들이 주인공이기 때문이다. 학습자들이 학습의 주인공이 되기 위해서는 그들이 직접 학습 과정에 참여해야 하고, 그 경험을 통해 원하는 결과를 얻어낼 수 있어야 한다. 그런 관점에서 학습자의 '경험'이 더 중요해진다. 따라서 러닝 퍼실리테이션은 강의 설계보다는 경험 설계에 가깝다.

　나는 개인적으로 설계라는 말보다 디자인이라는 말을 더 선호한다. 'Design'을 해체 혹은 분리를 의미하는 'De'와 보이는 것, 표징을 의미하는 'Sign'이 합쳐진 말로 이해하면, 디자인은 한마디로 '보이는 것을 해체하는 작업이다'이다. 학습자의 경험을 설계한다는 것은 학습 내용을 해체하고 분리해서 그것이 학습자들에게 어떤 의미가 있는지 숨은 가치를 찾는 과정이라고 볼 수 있다.

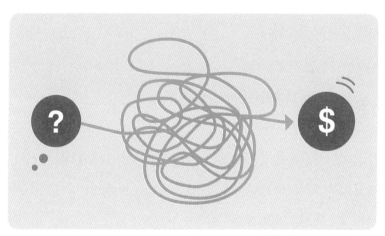

〈출처〉 디자인 씽킹, 경영을 바꾸다

위의 그림은 크리에이티브 디렉터인 팀 브레넌Tim Brennen 의 디자인에 대한 시각적 설명이다. 무언가 엉켜 있는 실타래에서 처음에는 아무것도 발견할 수 없다. 그러나 그 안에서 어떤 패턴을 발견하거나 실용적인 것을 발견하면 새로운 의미와 가치가 생긴다. 좌뇌적이고, 논리적인 느낌을 주는 설계라는 말보다 디자인이란 말은 좀 더 우뇌적이며 직관적인 느낌을 준다. 그리고 설계라는 말보다 디자인이란 말은 더 역동적이고 창의적인 느낌을 준다.

학습 경험을 디자인하는 과정은 고객이 서비스를 통해 경험하게 되는 유무형 요소들을 고객 중심 리서치를 통해 파악하고 이를 실체화하여 고객의 서비스 경험을 향상하는 방법인 '서비스 디자인'과 상당히 유사하다. 서비스 디자인을 할 때처럼 학습 경험을 디자인할 때도 학습자의 입장에서 리서치를 해야 하고, 보이는 것 예, 활동이나 과제 뿐만 아니라 보이지 않는 것 예, 학습 상태, 감정 까지 함께 고려하여 그들의 경험을 향상하기 위해 필요한 것들을 구체적으로 계획하고 배열해야 한다.

학습 경험을 디자인하는 것을 돕기 위해 나는 '러닝 맵 Learning Map' 이라는 도구를 안내한다. 일반적으로 강의를 할 때 구성하는 실라버스 Syllabus 는 강의자 중심으로 필요한 콘텐츠와 순서를 배열하는 것이다. 강의 계획서 작성과 관련해서 교수님들을 코칭할 때 살펴본 강의 계획서는 대부분 강의자 입장에서 어떻게 강의를 진행할 것인가를 정리한 형식이었다. 그러다 보니 내가 이런 코칭 질문을 던지면 많은 분이 바로 대답을 못 했다.

"이 내용을 배우는 것이 학생들에게는 어떤 의미가 있나요?"

러닝 맵을 디자인한다는 것은 말 그대로 학습자들이 어떤 러닝의 과정을 경험하게 되는지에 대한 경험 지도를 그리는 것이다. 러닝 퍼실리테이션을 하기 위해 이 러닝 맵을 제대로 만드는 것이 매우 중요하다. 이 맵을 만들기 위해서는 가장 먼저 학습자들을 어디로 데리고 갈지에 대한 최종 목적지가 정해져야 한다. 우리가 어디론가 가는 길을 찾으려고 할 때 가고자 하는 곳의 주소 혹은 이정표를 알지 못하면 내비게이션을 활용해서 정보를 찾을 수 없듯, 목적지가 정해져야 러닝 맵을 만들 수 있다. 그런 의미에서 러닝 퍼실리테이션의 정의에서 설명한 '학습자 관점에서 최적의 배움'을 생각하는 것이 중요하다. 구체적으로 러닝 맵을 작성하는 방법은 이 책의 4장에서 안내할 것이다.

3. 학습 과정을 촉진한다

러닝 퍼실리테이션의 정의에서 마지막 부분이 바로 학습 과정을 촉진하는 것이다. 학습자 입장에서 최적의 학습을 고민하고, 학습 경험을 디자인하는 것은 사전작업이고, 실제 교육 상황에서 러닝 퍼실리테이터는 학습 과정을 효과적으로 촉진할 수 있어야 한다. 학습 과정을 촉진한다는 것에는 상당히 많은 기술이 함축되어 있다. 디자인해 놓은 러닝 맵 과정을 학습자가 잘 따라갈 수 있도록 하기 위해서는 학습자의 상태를 촉진해야 하고, 적절한 학습 환경도 조성하며, 효과적인 퍼실리테이션 기법도 활용할 수 있어야 한다. 상태 관리, 환경 관리, 도구 관리를 잘해주어야 학습 과정이 적절하게 촉진될 수 있다. 빙산의 이미지를 떠올려 보면 수면 위로 보이는 부분이 바로 이 세 번째 단계이다.

종종 러닝 퍼실리테이션을 어떤 기법을 활용해서 과정을 촉진하는 것으로 한정해서 생각하는 경우가 있다. 그러나 빙산에서 보이지 않는 부분이 사실상 더 큰 것처럼 러닝 퍼실리테이션을 제대로 하기 위해서는 보이지 않는 아랫부분, 즉 사전에 이루어지는 부분이 매우 중요하

다. 경험을 어떻게 설계하느냐에 따라 촉진의 방향이나 방법이 달라질 수 있기 때문이다. 러닝 퍼실리테이션을 배우고자 하는 사람들은 종종 '기법'에 목말라 한다. 그러나 기법만 안다고 해서 러닝 퍼실리테이션을 제대로 할 수 있는 것은 아니다. 그래서 이 책에서는 과정 촉진보다는 경험 디자인에 초점을 맞추어 러닝 퍼실리테이션에 대해 안내를 하고자 한다.

러닝 퍼실리테이션이
강의보다 비싸진다

최근 많은 강의자가 러닝 퍼실리테이션을 배우는 것에 관심을 보인다. 구체적으로 러닝 퍼실리테이션이 무엇인지는 모르지만, 본인들이 하는 강의에 대한 대안 혹은 자신들이 경험하는 강의 관련 문제에 대한 해결책을 러닝 퍼실리테이션에서 찾을 수 있을 것으로 기대한다. 내가 진행하는 러닝 퍼실리테이션 과정에도 많은 분이 이런 기대를 하고 찾아온다. 실제 교육 시장이 빠르게 바뀌고 있고, 그에 따라 앞으로의 교육은 강의자들에게 '강의'보다 '러닝 퍼실리테이션'을 더 많이 요구할 것이다. 러닝 퍼실리테이션의 가치가 강의보다 훨씬 비싸질 것이다. 왜 러닝 퍼실리테이션이 더 많이 요구되고 더 높은 가치를 가지게 되는지에 대해서 먼저 살펴보자.

앞으로 교육은 러닝 퍼실리테이션이 필요하다

이제 우리 교육은 학습자들이 '무엇을 알아야 할 것인가'의 질문에서 벗어나 다른 질문을 던질 수 있어야 한다. 그 다른 질문은 학습자들이 '무엇을 만들어 내야 할 것인가'가 되어야 한다고 생각한다. 이제 학습자들은 수동적으로 지식을 받아들이는 사람이 아닌 지식을 통해 무언가를 만들어내는 사람이 되어야 하기 때문이다. 교육을 통해 새로운 지식을 만들어낼 수도 있고, 혁신적인 변화를 만들어 낼 수도 있고, 유용한 가치를 만들어낼 수도 있다. 무엇을 만들어낼 것인가는 교육에 따라 학습자에 따라 달라질 수 있겠지만, 앞으로의 교육은 더욱더 만들어 내는 것, 창조하는 것에 가치를 두게 될 것이다.

학습자는 메이커다

우리가 학습자를 메이커 Maker 로 바라보게 되면 교육을 통해 우리가 키워주어야 하는 학습자 역량에 대한 생각도 달라진다. 배우는 내용을 잘 이해하고 암기하는 역량은 이제는 크게 중요하지 않다. 오히려 배우는 내용에 새로운 의미를 부여하고, 필요하게 잘 가공하고, 그것을 통해 문제를 해결하는 역량이 더 중요해진다. 이제 교육은 학습자들의 창의성, 사고력, 문제해결 능력을 키워줄 수 있어야 한다. 그런 능력을 키워 주기 위해서 앞으로 우리 교육은 학습자들에게 자발적으로 참여하고, 상호작용하고, 문제해결을 해나가는 경험을 더 많이 제공해 주어야 한다.

러닝 퍼실리테이션을 활용한 교육은 기존 강의 방식이 제공하지 못하는 새로운 가치를 제공해준다. 그 가치는 바로 역동적인 배움의 경험을 통해 학습자들을 메이커로 만들어 주는 것이다. 러닝 퍼실리테이션이 제공할 수 있는 몰입, 성찰, 이해, 공유, 통찰, 네트워킹과 같은 경험이 지식보다 가치가 높아지기 때문에 앞으로 러닝 퍼실리테이션이 일반 강의보다 더 비싸질 것이다.

우리 사회가 협업과 네트워킹, 학습 공동체를 강조한다는 점도 러닝 퍼실리테이션의 가치를 높여준다. 학습자를 새로운 지식, 의미, 혹은 해결 방법을 만들어가는 메이커로 바라보았을 때, 학습자들이 협력을 통해 '집단지성'을 잘 활용할 수 있도록 돕는다면 이들의 메이킹 과정은 더욱더 촉진될 수 있다. 우리가 마주치는 문제들은 더 이상 단순한 공식이나 원리 혹은 절차로 해결할 수 있을 만큼 단순하지 않다. 그리고 끊임없이 새로운 문제가 생겨나고 있다. 배움을 통한 문제 해결, 혹은 새로운 의미나 가치 창조가 교육의 목적이 되었을 때 '협력 학습'은 필수 불가결한 요소가 된다.

퍼실리테이션은 기본적으로 '민주적이면서도' '창조적인' 의사결정 과정을 지지한다. 민주적이라는 의미는 회의에서든 워크숍에서든 교육에서든 '모든 의견은 소중하고 가치 있다'는 것에 믿음을 둔다는 것이다. 퍼실리테이션을 하는 중요한 목적이 사람들 간의 민주적 소통과 협력을 돕는 것이다. 그 목적을 '다름을 도움으로' 혹은 '같이를 가치 있게'로 표현할 수 있는데, 협력적인 의사소통을 촉진한다는 측면에서도 러닝 퍼실리테이션의 가치와 중요성은 더욱더 높아질 것이다.

누가 배우면 좋을까?

그렇다면 강의보다 비싸지는 러닝 퍼실리테이션을 누가 배우면 좋을까? 나는 가르치는 업을 가진 사람들이라면 누구나 기본적으로 러닝 퍼실리테이션을 배우는 것이 필요하다고 생각한다. 앞서 설명한 대로 앞으로의 교육이 러닝 퍼실리테이션 방식을 많이 요구할 것이기 때문이다. 초중고에서 혹은 대학에서 학생들을 가르치는 선생님이든, 기업의 사내 강사든, 자신의 전문 분야를 가진 프리랜서 강사든 강의하는 역량과 별개로 러닝 퍼실리테이션을 하는 역량을 키워 둔다면 강의를 할 때 티칭과 러닝 퍼실리테이션이라는 양쪽 날개를 활용할 수 있어서 본인에게 그리고 학습자들에게 훨씬 더 도움이 될 수 있다.

그중에서도 러닝 퍼실리테이션을 꼭 배우면 좋을 대상을 꼽으라면 좀 더 참여식 강의를 해야 하고, 팀 형태의 워크숍을 해야 하는 사람이다. 최근에는 기관에서 교육을 의뢰할 때 "강의보다 워크숍 형식으로 진행해 주세요"라고 요청하는 경우가 꽤 많아지고 있다. 교육을 의뢰하는 쪽에서도 워크숍 형식이 교육의 효과적인 측면이나 참여를 유도하는 측면에서 낫다는 것을 알기 때문이다.

러닝 퍼실리테이션을 꼭 배워야 하는 대상을 또 꼽으라면 가르치는 일을 오랫동안 업으로 하려고 하는 사람이다. 앞으로도 계속 강의를 해야 하는 경우 혹은 하고 싶은 경우, 러닝 퍼실리테이션 역량을 키우지 못하는 것은 강사로서 넘어야 할 중요한 터닝 포인트를 넘지 못하는 격이 된다. "나는 그냥 계속 이렇게 가르칠래요"라고 말을 하면서 가르치기 중심의 강의에서 벗어나지 못하면, 오래지 않아서 어려움을 겪게 될 것이다. 가르치는 사람들은 변화의 파도를 좀 더 적극적으로 탈 수 있어야 한다. 그것이 가르치는 업이 가진 도전 과제이자 매력이다.

러닝 퍼실리테이션을 배우러 오는 분들이 가진 오해 중 하나가 러닝 퍼실리테이션을 배우면 더는 전달식 강의를 하지 말아야 한다고 생각하는 것이다. 러닝 퍼실리테이션이 교육 시장에서 중요해진다고 해서 모든 교육에 러닝 퍼실리테이션이 필요하고 효과적인 것은 아니다. 교육 대상, 내용, 환경에 따라 전달식 강의가 러닝 퍼실리테이션 형식보다 더 필요할 때도 있고, 더 효과적일 때도 있다. 그런 의미에서 기존의 강의를 모두 러닝 퍼실리테이션 방식으로 대체하라는 것은 아니다. 강의식 방식과 러닝 퍼실리테이션 방식이 언제 효과적인지 알고 이 두 가지를 적절하게 활용하는 유연성이 필요하다. 러닝 퍼실리테이션을 배운다는 것을 새로운 무기 하나를 더 장착하는 것으로 이해하면 된다.

속부터 바꿔라

이제 러닝 퍼실리테이터로서 변신하는 준비를 본격적으로 해보자. 가장 첫 번째 단계는 속을 점검하는 것이다. 속을 점검한다는 것은 내가 왜 계속 가르치는 방식의 강의를 해왔는지, 혹은 그 방식을 고수하고 있는지 나를 움직이게 하는 신념을 들여다보고 필요한 경우 신념을 튜닝 Tuning 하는 것이다.

나는 어떤 신념을 가지고 있는가?

다음의 비교표를 보면서 나는 어느 쪽에 더 강한 신념을 가졌는지 점검해보자.

강의	러닝 퍼실리테이션
강사가 가르쳐야 한다	가르치지 않아도 학습자는 배운다
콘텐츠가 힘이 세다	경험이 힘이 세다
배움은 개인적이다	배움은 사회적이다
지식은 전달하는 것이다	지식은 만들어 가는 것이다

러닝 퍼실리테이터가 된다는 것은 단순하게 퍼실리테이션 기술을 능숙하게 사용하는 것을 의미하지 않는다. 그 기술들을 왜 사용해야 하는지에 대한 분명한 이유가 있어야 하는데 그 이유가 바로 신념이다. 이 신념들이 없는 상태에서 러닝 퍼실리테이션 기술만 익혀서 활용하려고 하다 보면 곧 한계를 경험하게 된다. 무엇을 하든 속부터 먼저 다스려야 한다. 위의 표에서 소개한 러닝 퍼실리테이션의 4가지 신념에 대해 마음 깊숙이 동의할 수 있어야 러닝 퍼실리테이터로의 진짜 변신이 가능하다.

러닝 퍼실리테이터의 신념

1. 가르치지 않아도 학습자는 배운다

학습자에게 무언가를 꼭 가르쳐야 한다는 생각 속에는 내가 가르치지 않으면 학습자가 배우지 못할 것이라는 가정이 숨겨져 있을 수도 있다.

'내가 가르치려고 해서 학습자들이 못 배우는 것이 아닐까?'

오히려 이렇게 반대로 생각을 해보면 어떨까? 실제로 가르치겠다는 마음을 가지게 되면 모든 것을 내가 통제하고 싶어진다. 강의 시작부터 끝까지 내가 주도하려다 보면 학습자들이 학습 내용과 깊게 상호작용을 할 수 있는 기회를 주지 못해서 학습자들의 배움의 기회를 빼앗을 수 있다.

2. 경험이 힘이 세다

내가 가르치겠다고 생각하면 자꾸 콘텐츠에 힘을 실어주게 된다. 필요한 콘텐츠와 흥미로운 사례와 자료들, 이런 것들을 모으는 일에 집중하게 되고, 강의 PPT를 보기 좋게 만드는 일에 시간과 에너지를 쓰게 된다. 그런데 아무리 좋은 콘텐츠라도 학습자들과 '통'하지 못하면 그것은 책꽂이에 읽지 않은 채 꽂혀 있는 두꺼운 전공 서적에 불과하다. 학습자들에게 필요한 것은 콘텐츠 그 자체보다는 그것을 통한 경험이다. 그 경험은 깨달음일 수도 있고, 성찰일 수도 있으며, 이미 아는 것과의 연결일 수도 있다. 러닝 퍼실리테이터는 이 경험이 콘텐츠보다 힘이 세다는 것을 안다.

3. 배움은 사회적이다

교육을 통해 학습자들이 얻어가는 배움에는 강의자를 통한 배움도 있지만 다른 학습자들과 함께하면서 얻어가는 배움도 있다. 다른 학습자들과의 상호 작용 및 협력 학습을 통해서 앞서 얘기한 경험이 더 깊어지고 풍요로워진다. 일방적 강의를 할 때는 한 개인의 지성을 높여주는 것에 관심이 있지만, 러닝 퍼실리테이션을 할 때는 집단의 지성을 높여주는 것에 관심이 있다. 집단 지성의 힘을 믿기 때문이다.

4. 지식은 만들어 가는 것이다

러닝 퍼실리테이션의 중요한 목적은 학습자들이 스스로 필요한 지식을 만들어 가도록 돕는 것이다. 학습자들에게 지식을 전달하고자 하는 일방적 강의와 목적 자체가 다르다. 학습자들이 스스로 지식을 만들어 가는 것을 진정한 배움이라고 생각하는 것에는 학습자들에 대한 믿음이 깔려 있다. 학습자들 스스로 자신에게 필요한 배움을 만들어나갈 자원과 역량이 있다고 믿는 것이다. 그런 믿음이 있기 때문에 내가 억지로 끌고 가려고 할 필요가 없다. 그래서 러닝 퍼실리테이션은 학습자들에게 경험의 기회를, 사회적인 배움을 할 수 있는 기회를 가능한 한 많이 제공한다.

핵심 역량에 집중하라

기본적으로 퍼실리테이션을 잘한다는 것은 끌어당기는 Pull과 미는 Push를 균형 있게 쓰는 것이다. 끌어당기는 Pull을 한다는 것은 내가 무언가를 채워주는 일보다 학습자들이 가지고 있는 것을 끌어내는 일에 집중한다는 의미이다. 답을 주기보다는 질문을 던지고, 내가 알려주기보다는 학습자가 생각이나 경험을 끌어낼 수 있도록 하는 기회를 준다. Push 한다는 것은 학습자들을 배움의 장으로 부드럽게 밀어준다는 의미이다. 자신의 의견을 편안하게 이야기할 수 있도록, 다른 학습자들과 상호작용할 수 있도록, 필요한 경험을 해볼 수 있도록 가볍게 밀어주는 일종의 넛지 nudge 를 하는 것이다.

쉬워 보이지만 따라 하기는 어려운

실제 퍼실리테이션을 잘하시는 분들을 보면 이 Pull과 Push를 아주 자유롭게 활용한다. 질문으로 사람들의 생각을 쉽게 끌어내고, 자연스럽게 학습자들의 참여를 끌어내며, 효과적으로 시간 관리를 한다. 마치 요리법을 보지 않고 음식을 해도 간을 딱 맞추는 요리의 고수인 것 같다. 요리의 고수를 만나면 우리는 그 사람에게서 요리법을 받고 싶어 한다. 요리법을 따라 하면 그 고수가 만든 음식과 같은 맛이 나올 것 같지만, 사실 그것을 따라 한다고 해도 똑같은 맛이 나오지 않는다. 요리법은 그 사람이 가진 경험치에 대한 노하우가 아니라 요리 방법에 대한 노하우이기 때문이다.

러닝 퍼실리테이션을 배우려는 사람 중에도 퍼실리테이션 기술을 얻어가는 데 급급한 사람들이 있다. 그러나 아무리 기술을 많이 배워도 자연스럽게 러닝 퍼실리테이션을 하는 사람들을 따라갈 수 없다. 그 이유는 더 중요한 기술을 배우지 않았기 때문이다. 그것은 바로 현장에서 Push와 Pull을 자연스럽게 쓸 수 있도록 사전에 계획하는 러닝 퍼실리테이션 설계 기술이다.

"어떻게 그렇게 자연스럽게 진행을 하세요?"라고 나에게 물어보는 참여자들이 있는데 나는 이렇게 대답한다. "우아한 백조처럼 보이지만 사실은 수면 밑에서는 엄청 부산스럽게 움직이고 있습니다." 러닝 퍼실리테이션을 하기 위해서 사전에 얼마나 많은 준비를 해야 하는지 모르는 경우에는 무언가를 쉽게 하는 것처럼 보일 수 있다. 그러나 쉬운 것은 없다. 쉽게 풀리도록 사전에 만들었을 뿐이다.

경험을 디자인할 수 있는 역량이 핵심이다

20대 80의 법칙이라고 불리는 파레토의 법칙에 따르면 전체 성과의 80%가 20%의 요소 혹은 원인에 의존한다. 이를 러닝 퍼실리테이션에 적용한다면 러닝 퍼실리테이션 성과의 80%는 중요한 20%에 의존한다. 실제로는 20%에 해당하지만, 성과의 많은 부분에 영향을 미치는 이것이 바로 사전에 이루어지는 설계이다.

실제 교육 상황에서 학습자들을 언제 어떻게 Push하고 Pull 할지에 대한 계획은 사전 설계 단계에서 결정이 된다. 교육 현장에서 퍼실리테이터는 옆에 선 안내자로서 촉진해주는 최소한의 역할을 하는 것으로 보이지만, 사실 설계 과정에서 '보이지 않는 손'처럼 아주 중요한 그리고 강력한 임무를 수행한다. 러닝 퍼실리테이션이 쉬워 보이지만 실제로 어려운 이유는 바로 이 설계 과정이 쉽지 않기 때문이며, 이 부분에 대한 정보는 일반적으로 '암묵지'로 숨겨져 있는 경우가 많아 배우기도 쉽지 않다.

그런 이유에서인지 러닝 퍼실리테이션 공개 과정을 진행하면서 러닝 퍼실리테이션 철학, 설계, 방법을 참여자들에게 안내하면, 많은 분이 설계 부분이 특히 많은 도움이 되었다고 말한다. 그리고 다른 곳에서 배울 수 없어서 특히 더 좋았다고 말하곤 한다. 러닝 퍼실리테이션을 위한 설계의 핵심은 학습자의 학습 경험을 디자인하는 것이다. 학습자 중심의 안경을 쓰고 그들에게 필요한 학습을 디자인하는 것은 강의자에게 새로운 생각의 근육을 쓰도록 한다. 그래서 한편으로는 낯설기도 하고 또 한편으로는 어렵기도 한 과정이다. 그러나 학습 경험 디자인을 제대로 해서 학습자들의 배움이 촉진되는 것을 직접 관찰하고 경험하게 되면 이 어려운 과정이 정말 의미 있는 과정임을 깨닫게 될 것이다.

그림으로 알아보는
Teaching과 Facilitation의 차이

Teaching	Facilitation
• 교수자가 학습자에게 일방적으로 지식을 전달한다. • 학습자는 지식을 받는 역할만 한다.	• 교수자와 학습자가 함께 학습 과정에 참여하고, 그 과정을 구성해나간다. • 학습자는 교수자 및 다른 학습자와 상호작용하면서 지식을 구성하는데 적극적인 역할을 한다.

〈그림 출처〉 http://competendo.net

러닝 퍼실리테이션을 할 때, 오른쪽 이미지를 떠올리면서 학습 과정을 설계하고 진행해보자. 모든 구성원들 간의 상호작용을 통해서 역동적인 학습 과정이 만들어지고, 학습자들은 그 과정 안에서 지식을 적극적으로 주고받는다. 그리고 가르치는 사람은 그 과정에 함께 하면서 새롭게 배우게 된다.

'나도 배우고 싶으면 퍼실리테이션을 해라.'

혼자 가르치는 방식을 통해서 가르치는 나는 배울 수 없다. 퍼실리테이션을 하게 되면 학습자들을 가까이서 관찰하고, 그들의 이야기를 많이 듣게 되며, 학습 결과를 좀 더 직접적으로 확인할 수 있다. 이를 통해 학습자들을 더 잘 이해하게 될 뿐만 아니라, 학습자들이 구성한 지식을 통해 가르치는 나도 새로운 배움을 얻게 된다. 무엇보다 교육의 보완점을 쉽게 파악하게 되어 더 나은 교육을 할 수 있게 된다.

러닝 퍼실리테이션을 배우고 나서…

- 나의 교육 철학은 '가르치지 말고 배움을 실천하자' 였지만, 막상 학생들을 만나면 내가 뭔가를 가르쳐야 한다는 생각이 우선했다. 그러다 보니 학습자 중심이 아닌 가르치는 내용에 중심을 두었다. 러닝 퍼실리테이션을 배운 후, 학습자가 배우는 목적이 무엇이고, 학습자가 학습 후에 무엇을 실천할 수 있는지에 중점을 두게 되었다. 퍼실리테이터는 학습자가 직접 본인에게 필요한 지식을 얻어가고 실천할 수 있도록 안내해주고 동행하는 사람임을 다시 느끼게 되었다.

  정해수 – 숭실대/교수

- 강의자로서 항상 고민이 있다면 내 강의 콘텐츠를 어떻게 하면 쉽고 재미있게 전달할 수 있을까입니다. 그런데 그 동안은 항상 강사인 제 입장에서 강의안을 만들었습니다. 러닝 퍼실리테이션은 제게 패러다임의 전환을 제시했는데 바로 강사 입장이 아닌 교육생 입장에서 강의안을 설계하는 것이었습니다. 지금은 모든 강의 설계 시 학습자 입장에서 설계하니 그동안 놓치고 있었던 세세한 것까지 눈에 보이고 개선해 나갈 수 있어서 정말 좋습니다.

  송지영 – 프럼미에듀/대표

● 강의를 짤 때 학습자의 입장에서 생각해 보는 습관이 생겼습니다. 강의자 입장보다는 학습자의 관점에서 바라봐서 좀 더 강의가 풍성해지는 기분입니다.

강민주 – 에르디아/퍼실리테이터

● '잘 가르쳤다는 것은 교수자의 자기 만족일 뿐. 실제 학습자가 얼마나 잘 배웠는지는 또 다른 차원의 문제다'라는 깨달음을 얻게 되었다.

이재형 – 농협대학교/교수

● 학습자의 학습 중심 관점을 더욱 분명하게 가지게 되었다. 교육이 학습자의 실행과 변화를 목적으로 하는 것이기에 지극히 당연한 관점임에도 공급자인 강의자의 관점으로 적당히 타협하려는 관성을 버리는 것은 그리 쉬운 일이 아니었다. 그러나 러닝 맵을 통한 학습자 경험 설계는 이를 자연스럽게 극복할 수 있도록 안내해 주었다.

이진우 – 서울산업안전컨설팅/안전교육기관 운영

● 학습자 스스로 학습할 수 있도록 촉진해줄 수 있는 러닝 퍼실리테이션을 적극 수업에 반영하여 좀 더 유연한 수업을 만들 수 있게 되었습니다.

서경숙 – 소프트웨어코딩강사

러닝 퍼실리테이션을 위한
경험 디자인 기술

EXPERIENCE DESIGN

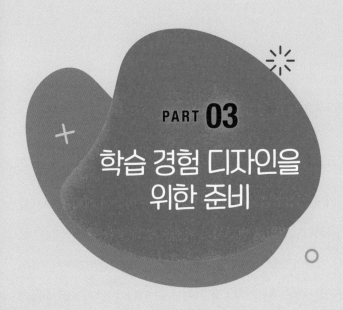

PART **03**

학습 경험 디자인을
위한 준비

LEARNING FACILITATION

익숙한 것과 결별하라

새로운 판을 짜라

2장에서 러닝 퍼실리테이터로 변신해야 하는 이유에 대해 살펴보았고, 러닝 퍼실리테이터로 변신하기 위해 집중해야 할 핵심 역량이 러닝 디자인 역량이라고 소개하였다. 그동안 강의를 설계하면서는 '티칭'을 기획했다면 이제는 '러닝'을 기획할 수 있어야 한다. 그런데 설계를 할 때 티칭에서 러닝으로 관점을 옮기는 일이 생각보다 쉽지 않다. 일종의 패러다임 전환 혹은 판을 아주 새롭게 짜는 일이기 때문이다.

티칭이 아닌 러닝을 디자인하기 위해서는 원래 하던 방식을 살짝 바꾸는 정도가 아니라 원래 하던 방식을 버려야 한다. 그리고 새로운 방법을 익혀야 한다. 어떤 의미에서 이것은 '혁신'이라고 할 수 있다. 똑같이 하기는 쉽지만 그것은 변화를 만들어내지 못한다. 다르게 할 수 있어야 비로소 변화가 혹은 혁신이 일어날 수 있다. 그런 의미에서 학습자의 관점에서, 학습자들의 배움을 촉진할 수 있도록 러닝을 디자인하는 역량은 러닝 퍼실리테이터의 핵심 역량이다.

이에 비하면 강의에 활용할 수 있는 다양한 러닝 퍼실리테이션 기법들을 익혀 이를 강의에서 활용하면서 학습자를 참여시키는 일은 상대적으로 쉽다. 원래 하던 방식에 살짝 기법들만 추가하면 되기 때문이다. 이런 이유로 나는 퍼실리테이션 기법을 알고 활용하는 것이 러닝 퍼실리테이터의 핵심 역량이라고 생각하지 않는다 그런데 아쉽게도 많은 강의자가 이 역량을 키우기 위해서 더 많은 애를 쓴다. 러닝 퍼실리테이터의 진짜 역량, 핵심 역량인 러닝 디자인 역량을 갖추기 위해서 꼭 해야 할 일은 바로 익숙한 것과 과감히 결별하는 것이다.

세 가지와 결별하라

러닝 디자인을 잘하고 싶다면 익숙한 것과 과감히 결별해야 하는데 사실 이 지점이 가장 어렵다. 많은 강의자가 러닝 퍼실리테이션을 배우고서도 실제로 러닝 퍼실리테이터가 되지 못하는 어려움이 여기에 있다. 하던 대로 하는 것이 시간 측면에서 그리고 에너지 측면에서 가장 효율적이기 때문에 "굳이 내가 시간과 에너지를 더 많이 쓰면서 러닝 퍼실리테이터로 변신할 필요가 있을까?"라는 생각을 하게 되고, 쉽게 관성의 법칙에 의해 원래 하던 대로 돌아가게 된다.

어렵지만 러닝 퍼실리테이터로 변신을 하여 지속 가능한 강의자로서의 역량을 갖추겠다고, 그리고 내가 만나는 학습자들의 배움을 촉진해주는 의미 있는 일을 하겠다고 큰마음을 먹었다면 이제 과감하게 익숙한 것에서 결별하고 새로운 판을 짜보자. 강의자로서 자신의 '안전지대'를 벗어나 보자.

그동안 러닝 퍼실리테이션을 배우고 시도하는 많은 강의자를 관찰하면서 나는 러닝 퍼실리테이터로 변신하기 위해 반드시 고해야 할 '익숙함으로부터 결별' 3가지를 발견했다. 그것은 바로 가르쳐주는 역할과의 결별, 알려주겠다는 목표와의 결별, 내가 하던 방식과의 결별이다.

러닝을 디자인하기 위해 필요한 결별 3가지

1. 가르쳐주는 역할과 결별하라.
2. 알려주겠다는 목표와 결별하라.
3. 늘 하던 방식과 결별하라.

새로운 역할:
나는 학습 경험 디자이너다

첫 번째로 고해야 할 결별은 그동안 익숙했던 나의 역할과의 결별이다. 그동안 자신을 가르쳐주거나 알려주는 사람 혹은 강의를 진행하는 사람으로 규정하고 있었다면 이제 그 역할을 내려놓고 나에게 새로운 역할을 선물해보자. 나를 가르치는 사람으로 규정하면 강의를 설계하면서 자연스레 '무엇을 알려주지?' '무엇을 가르칠까?'라는 고민에 가장 먼저 다다르게 된다. 러닝을 디자인할 때는 다른 질문이 필요하다. 다음의 세 가지 역할을 새롭게 부여하면서 러닝 디자이너로 거듭나보자.

나는 디자이너다

강의를 하는 사람에게 디자이너라는 말이 안 어울린다고 느낄지도 모르겠지만, 나는 디자이너라는 말이 그 누구보다 잘 어울리는 사람이 강의하는 사람이라고 생각한다. 잘 가르친다는 것은 학습자의 배움을 잘 디자인한다는 것이다. 이때 디자인을 한다는 것은 사용자 입장에서, 즉 학습자의 입장에서 어떻게 하면 그들이 배움에 흥미를 느낄 수 있을까, 어떻게 하면 그들이 관련성을 느낄 수 있을까, 어떻게 하면 그들에게 유용할 수 있을까를 고민하며 이에 대한 솔루션을 제품 설계에 반영한다는 의미이다.

제품을 잘 디자인하기 위해서 사용자의 입장에서 그들이 제품을 사용하는 경험을 시뮬레이션해 볼 수 있어야 한다. 사용자가 어떤 사용자 여정 Journey 을 겪을지를 생각해보고 그들에게 좀 더 좋은 여정이 될 수 있도록 제품을 디자인해야 한다. 그런데 만약 내가 무언가를 가르쳐야 한다고 생각하면 자꾸만 가르치는 콘텐츠에 집중하게 되고, 무엇을, 어떤 순서로, 얼마나 많이 넣을지를 중점적으로 고민하게 된다. 정작 그 콘텐츠를 접하게 되는 학습자들의 여정에는 관심을 두지 않게 된다.

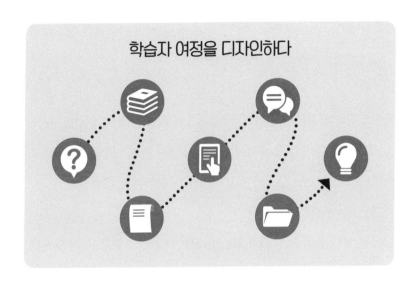

제품의 경우 디자인이 제품의 구매력과 만족도에 중대한 영향을 미치듯이 러닝 디자인도 마찬가지다. 이제 가르치는 사람들이 콘텐츠 자체로 승부하는 시대는 지났다. 가격이 점점 더 싸지고, 대중적으로 되어가는 지식 위주의 콘텐츠의 경우에는 더욱더 그렇다. 이제는 콘텐츠 자체보다 콘텐츠를 가공하는 능력, 다른 말로 콘텐츠를 학습자의 경험으로 재구성할 수 있는 디자인 능력이 더 가치가 높다.

나는 연결자다

러닝 퍼실리테이터에게 아주 잘 어울리는 별칭이 바로 '연결자'다. 러닝 퍼실리테이터는 설계하는 단계에서부터 '연결자'의 역할을 할 수 있어야 한다. 우선 설계를 하는 과정에서 학습 내용과 학습자들의 연결을 어떻게 도와줄 것인가를 고민해야 한다.

학습자들의 배움을 촉진하기 위해 필요한 내용/자료는 무엇인가? 그 내용과 학습자가 충분하게 상호작용하기 위해 어떤 경험이 필요할까?

　이때 역할은 학습 내용과 학습자 간의 상호작용을 돕는 연결자다. 가르치는 사람으로 나를 규정하게 되면 어떤 내용을 전달할 것인가만 신경을 쓰고 그 내용과 학습자들이 어떻게 상호작용하게 도울 것인가에 대해서는 고민하지 않게 된다.
　예전에 강의를 하다가 학습자들에게 이런 질문을 던진 적이 있다.

> "배우는 과정에서 언제 내가 학습 내용과
> 상호작용하고 있다고 느끼나요?"

　그랬더니 다음과 같은 답변들이 나왔다.

- 내가 원래 알고 있는 것과 지금 배우는 것을 연결해보고 있을 때
- 내가 이해했는지 못했는지 스스로 확인할 때

- 무슨 의미인지를 나의 언어로 생각해볼 때
- 이 내용이 나에게 어떤 의미가 있을지 생각해볼 때
- 나에게도 비슷한 경험이 있는지 돌아볼 때
- 어떻게 활용할지 고민할 때

　학습자와 학습 내용 간의 상호작용을 돕는다는 것은 위와 같은 경험을 학습자들이 충분히 할 수 있도록 한다는 의미이다. 단순하게 내용을 학습자에게 흘려보내는 것이 아니라 그들이 그 내용과 어떤 교류를 어떻게 하도록 도울까에 대해서도 고민해야 한다.

러닝 퍼실리테이터는 연결자다

학습 내용과 학습자의 연결

학습자 간의 연결

　학습 내용과 학습자의 연결을 돕는 역할과 함께 또 중요한 연결자의 역할이 있다. 그것은 바로 학습자들 간의 연결을 돕는 것이다. 러닝 퍼실리테이션의 관점에서 보았을 때 함께 배움에 참여하는 학습자들은 모두 중요한 학습의 자원이다. 학습자들은 그들이 배움의 장에 스스로 참여하면서 배우게 되는데, 이때 배움의 장을 함께 만들어가는 사람이 바로 다른 학습자들이다. 배움을 촉진하는 아주 중요한 방법의 하나가 개개인의 지성뿐만 아니라 '집단 지성'의 힘을 최대한 활용하도록 돕는 것이다.

학습자들이 집단 지성을 활용하여 더 풍성한 배움의 결과를 끌어내도록 하기 위해서 러닝 퍼실리테이터는 학습자 간의 연결을 도와야 한다. 좀 더 구체적으로는 그들이 서로 신뢰하고 편안하게 자신의 이야기를 할 수 있는 학습 분위기를 만들어 주어야 하며, 협력적 학습이 일어날 수 있는 경험을 만들어주어야 한다. 이는 설계 단계에서 사전에 이루어져야 하는 고민이다.

나는 퍼실리테이터다

마지막으로 알려주는 사람이 아닌 촉진하는 사람으로서 역할 모자를 확실하게 쓸 수 있어야 경험 디자인을 잘 할 수 있다. 가끔 강의 설계를 할 때는 내용 전달자의 모자를 쓰고, 강의를 진행하는 중에만 가끔 퍼실리테이터의 모자를 쓰는 강의자를 보게 된다. 이런 분들은 학습자에게 무언가를 가르치고, 전달하고자 하는 '의도'를 가지고 강의 장에 들어가는데 그것을 알려주려고 하는 과정에서 가끔 학습자를 참여시키기 위한 활동을 양념처럼 가미한다.

"혼자 강의하는 게 좀 지겹기도 하고,
학습자들도 재미가 없어할 것 같아서
가끔씩 학습자들끼리 서로 얘기를 해보게 시킵니다."

내가 만난 분 중에는 이렇게 말씀하시는 분이 있었는데 딱 이런 케이스다. 내가 답을 가지고 있다고 생각하고 그것을 주는 것은 퍼실리테이션이 아니다. 학습자들을 즐겁게 하기 위해, 지루함을 달래기 위해 재미있는 활동을 강의 중간마다 끼워 넣는 것도 퍼실리테이션이 아니다.

러닝 퍼실리테이터가 된다는 것은 내가 알고 있지 않은 답을 혹은 해결책을 학습자들이 스스로 만들어 갈 것이라고 믿는 것이다. 그런 믿음을 가지고 있어야 설계를 할 때부터 학습자들이 스스로 배움을 만들어갈 수 있는 장을 디자인할 수 있다. 러닝 디자인을 하기 위해서는 강의 설계 과정에서 나의 무게를 내려놓고, 학습자의 무게를 올리는 재조정이 필요하다. 그렇지 않고 자신을 알려주는 사람으로 포지셔닝하게 되면 설계를 하면서 계속 강의 안에 어떤 내용을 채워 넣을 것인지, 그것을 어떻게 전달할지만 고민하게 된다.

새로운 목표:
학습자들이 배우는 것이 목표다

강의를 하는 목적을 무엇으로 잡는가에 따라서 설계의 방향이 달라진다. 강의를 하는 목표가 무엇인가? 잘 가르치는 것을 목표로 하는가? 그렇다면 잘 가르친다는 것은 무엇을 보고 확인할 수 있는가? 오늘 말하고 싶었던 내용을 시간에 맞게 잘 전달했다면, 그리고 학습자들의 반응이 좋았다면 잘 가르쳤다고 말하고 싶을지도 모른다. 그런데 아쉽게도 강의 시간 동안 열심히 설명하며 알려준 정도와 학습자들의 배움이 일어난 정도는 일치하지 않는다.

학습자의 배움을 촉진하는 사람이 되고 싶다면 강의 목표를 바꾸어야 한다. 그리고 그 목표를 염두에 두고 강의를 설계해야 한다. 설계할 때 고민할 목표는 다음과 같다.

학습자가 배우다

가르치는 것을 목적으로 설계한다면 콘텐츠, 진도, 양이 무엇보다 중요하겠지만, 러닝 퍼실리테이션을 설계할 때는 '어떻게 하면 학습자들이 잘 배울 수 있을까?'가 가장 중요한 핵심이 된다. 내가 무언가를 알려주었다는 그 결과 자체가 목표 달성의 지표가 아니라 학습자들이 잘 배웠는지가 목표 달성의 지표가 되어야 한다.

나는 개인적으로 강의가 끝난 후 학습자가 이런 피드백을 줄 때 가장 만족스럽다.

덕분에 오늘 새로운 생각을 하게 되었어요.
변화하고 싶은 동기가 생겼습니다.
강의를 듣고 해결하고 싶은 숙제가 생겼어요.

이런 피드백들이 "오늘 강의 참 좋았어요"라는 말보다 훨씬 더 나에게 의미 있는 피드백이다. 무언가 배움이 일어났다는 것을 간접적으로 알려주는 피드백이기 때문이다. 학습자들이 강의가 끝난 후 다음과 같은 피드백을 줄 수 있도록 설계한다고 생각해보자.

"오늘 정말 잘 배웠습니다!"

학습자의 학습 잠재력이 발현되고 개발되다

일방적으로 가르치는 방식을 고수하는 강의자들을 만나보면 '내가 가르쳐야 학습자들은 배울 수 있다'라는 고정관념을 가지고 있는 경우가 많다. 학습자들을 배우게 하려면 내가 무언가를 알려주어야 한다고 생각한다. 그런데 이 생각 뒤에는 학습자들을 수동적으로 바라보는 시선이 깔린 건 아닌지 생각해볼 필요가 있다.

모든 학습자는 학습 잠재력이 있다

러닝 퍼실리테이션의 가장 중요한 철학 중 하나는 모든 학습자가 학습 잠재력이 있다고 믿는 것이다. 퍼실리테이션을 하는 이유는 이 잠재력을 끌어올려 주기 위함이다. 이 잠재력은 겉으로 보이는 말과 행동으로 쉽게 판단할 수 있는 것이 아니다. 우리는 누구나 무언가를 알고 싶어 하는 욕구가 있고, 자신을 좀 더 성장시키고자 하는 욕구가 있으며, 새로운 배움에 대한 욕구가 있다. 그런데 이 욕구는 어떤 환경을 만나는가에 따라 수축하기도 하고 팽창하기도 한다.

교육에 억지로 끌려온 학습자들을 우스갯소리로 수감자, 포로자라고 하면서 그들에 대한 어려움과 불만을 이야기하는 강의자를 종종 만나게 되는데, 강의자 말대로 그들은 정말 배우고자 하는 마음이 없는 것일까? 상황에 따라 정말 참여를 시키기 어려운 학습자가 있을 수는 있지만 그런 학습자들에게 배우고자 하는 관심이나 동기가 없다고 단정해서는 안 된다. 아직 그들의 동기를 강의자가 끌어올리지 못했을 뿐이다.

무언가를 가르치는 것을 목적으로 강의를 한다면 "굳이 내가 학습자들의 배우고자 하는 동기까지 관심을 가져야 할까?"라는 생각을 할 수 있다. 그러나 학습자들이 잘 배우도록 하는 것을 목적으로 삼는다면 관심 레이더를 꼭 켜두어야 할 영역이 바로 학습자들의 학습 동기다. 동기가 없는 학습자는 없다. 학습 동기가 올라오지 않은 학습자만 있을 뿐이다.

학습자를 바라보는 시선의 변화와 관련해서 또 중요한 한 가지가 있다. 그것은 학습자들을 이미 자원을 많이 가진 존재로 바라보는 것이다. 즉 무언가를 채워 넣어 주어야 하는 존재가 아니라 이미 가진 것을 끌어내는 존재로 보는 것이다.

그렇다면 학습자들이 가진 가장 중요한 자원은 무엇일까? 그것은 바로 그들이 가진 경험이다. 사람들은 모두 자신만의 경험이 있고, 그 경험은 무언가를 배울 때 배움의 맥락을 만들어주는 혹은 연결 고리가 되어주는 중요한 역할을 한다. 어린아이든, 어른이든 누구나 자신만의 경험이 있고, 개개인이 가진 경험은 어떤 지식보다 더 의미 있고 가치 있다. 학습자들이 가진 경험의 가치를 알아보는 강의자는 강의를 통해 그들이 경험이라는 소중한 자원을 배움의 장면에서 잘 활용할 수 있도록 돕고자 한다.

역동적인 배움의 장이 만들어지다

학습자의 배움을 촉진하기 위해 설계를 하면서 고민해야 하는 또 한 가지는 '어떻게 배움의 장을 좀 더 역동적으로 만들 것인가'이다. 전달식 강의가 평면적이라면 러닝 퍼실리테이션은 입체적이다. 전달식 강의가 1차원적이라면 러닝 퍼실리테이션은 다차원적이다. 러닝 퍼실리테이션은 '배움'이라는 것 자체를 입체적, 다차원적으로 바라보기 때문에 설계할 때도 어떻게 이 배움의 특성을 잘 살려줄 수 있을지를 고민할 필요가 있다.

배움이 역동적이 되려면 학습자가 적극적으로 배움의 과정에 참여할 수 있어야 한다. 설계하면서 상상해보는 학습자는 팔짱을 끼고 의자에 몸을 기대어 수동적으로 강의를 듣는 학습자가 아니다. 자신의 생각과 경험을 적극적으로 끌어오고 그것을 현재의 배움에 주도적으로 엮어보는 학습자를 그려본다.

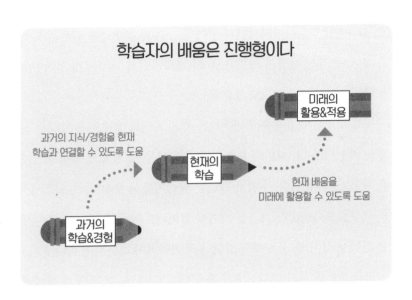

배움의 역동성을 설명하기 위해 나는 이런 비유를 사용한다. 우리가 교육에서 만나는 학습자들은 무언가를 새로 배우는 사람들이 아니다. 우리가 만나는 학습자들이 교육장에 '빈 컵'을 들고 와서 그 빈 컵에 무언가를 채워 나가리라 생각해서는 안된다. 그들은 이미 그 컵의 반 이상을 관련 지식이나 경험으로 채우고 들어오는 존재들이다. 어떤 경우에는 이미 컵을 다 채우고 들어오기도 한다.

이 컵을 '지식의 지도' 혹은 '스키마' Schema 라고 생각할 수 있다. 모든 학습자는 어떤 주제에 대해 배우거나 경험을 쌓으면서 자신만의 지식의 지도를 만들어간다. 내비게이션이 정기적으로 업데이트가 되듯, 우리의 지식의 지도도 새로운 배움을 통해 업데이트된다. 잘못된 정보는 수정되고, 새로운 정보는 추가되고, 관련성이 있는 것들은 연결되고, 필요 없는 것은 제거되면서 말이다. 우리가 무언가를 배우는 목적은 우리가 가진 지식의 지도를 좀 더 정확하면서 자신에게 의미있고 유익하게 만드는 것일지도 모른다.

지식의 지도를 유용하게 만든다는 것은 자신의 삶에 도움이 되는 배움을 하는 것이다. 지도의 목적은 그것을 보는 것 자체가 아니라 그것을 활용하는 데 있다. 우리가 만나는 학습자들이 모두 자신만의 지식의 지도를 들고 있고, 그것을 기꺼이 업데이트하여 좀 더 유용한 지도를 만들고 싶어 한다. 설계를 하면서 꼭 기억해야 하는 내용이다.

적극적으로 자신의 지식 지도를 업데이트하도록 돕는 것과 함께 배움을 역동적으로 만들기 위해 설계 시 고려해야 할 다른 한 가지는 학습자들 간의 상호작용이다. 개인 학습자들이 자기만의 지식의 지도를 가지고 있다고 생각하면, 왜 우리가 강의에 참석한 학습자들끼리 상호작용을 하도록 촉진해야 하는지에 대한 이유가 더욱 분명해진다. 상호작용을 통해 서로의 지식의 지도를 공유하면서 학습자들은 자신의 지도를 더 효과적으로 업데이트해 나갈 수 있을 뿐만 아니라, 학습자들끼리 새로운 지도를 함께 만들어볼 수도 있게 된다.

새로운 방법:
거꾸로 설계한다

티칭을 디자인할 때와 러닝을 디자인할 때는 디자인을 하는 순서 혹은 프로세스가 달라진다. 무엇을 가르칠까 혹은 알려줄까를 고민할 때는 가장 먼저 내가 가지고 있는 '콘텐츠'라는 패를 확인한다. 나의 패를 깔아 놓고서 이번 강의에서는 어떤 패가 좋을지 골라본다.

이번 강의에서는 이 내용을 이야기하면 되겠어.

그리고 이 자료를 보여주고, 이 예시를 활용하면 되겠어.

그리고 이런 활동을 시켜보면 되겠어.

이런 식으로 정리를 해 나가곤 한다. 강의자가 가진 콘텐츠, 혹은 알려줄 콘텐츠가 고려하는 우선순위 1순위가 되고 학습자의 활동 혹은 경험이 마지막 순위가 된다.

그러나 러닝을 디자인할 때는 순서가 달라진다. 학습자의 경험이 1순위로 올라온다. 학습자들이 어떤 경험을 하는 게 배움의 목적을 달성하는 데 도움이 될지를 먼저 고민한다. 그러고 나서 그 경험을 하도록 돕는 콘텐츠와 활동을 생각한다. 콘텐츠와 활동은 학습자의 경험이라는 주연을 돕는 조연 배우이다.

알려주고 싶은 콘텐츠에 대한 집착을 버리라

강의자는 대부분 자신만의 분야에서 전문가들이다. 그 분야와 관련해서 할 얘기가 많은 사람이다. 만약에 내가 나의 전문적인 분야에 대한 '강연'을 한다면 내가 잘 알고 있는 콘텐츠를 가지고 강연을 준비하는 것이 당연하다. 그러나 학습자들의 배움을 돕고자 하는 강의를 기획하는 경우라면 내가 어떤 분야에 대한 내용 전문가라 하더라도 내용 자체를 뽑아내는 기획을 해서는 안 된다. 내가 가진 내용이 학습자들과 어떻게 연결될 수 있는지를 생각해야 한다.

내용에 대한 전문성은 사실 강의자들에게 상당히 중요한 무기이지만, 러닝을 기획하는 과정에서는 종종 걸림돌이 되기도 한다. 자신이 잘 아는 내용, 자신이 중요하다고 생각하는 내용, 자신이 꼭 알려주고 싶은 내용에 대한 욕심이 기획 단계에서 끊임없이 올라오기 때문이다. 내가 가진 콘텐츠에 대한 일종의 집착인데, 이 집착에 끌려가는 경우 결국 기존의 설계 방식에서 벗어나지 못하게 된다.

학습 경험을 디자인할 때는 나의 무기인 내용 전문성을 좀 다르게 사용할 수 있어야 한다. 내가 알고 있고 중요하다고 생각하는 내용을 다 알려주려고 하기보다는 촉진자의 입장에서 콘텐츠를 다음과 같이 구분을 할 수 있어야 한다.

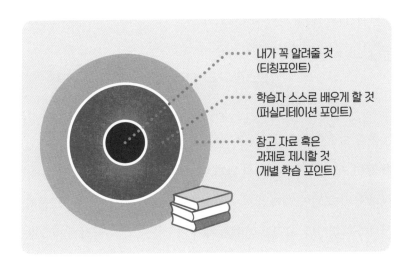

내가 알려줄 것과 학습자들이 스스로 배우도록 할 것을 분류하는 작업은 매우 중요하다. 그런데 그동안 전달식 강의를 해온 경우 자신의 콘텐츠를 이렇게 분류해본 경험이 없어서 분류 작업이 쉽지는 않을 것이다. 내가 전문가이니 모든 내용을 다 알려주고 설명해야 할 것 같다고 생각할 수 있는데, 학습자들이 스스로 배우도록 하는 것이 때로는 훨씬 효과적인 경우가 있다.

이 내용을 알려주는 것이 효과적일까? 촉진하는 것이 효과적일까?

경험 디자인을 하면서는 자신의 콘텐츠에 대한 강한 애정을 내려놓고 위의 질문을 던지면서 객관적인 입장에서 콘텐츠의 티칭 가치와 퍼실리테이션 가치를 따져보아야 한다.

아날로그로 시작하다

콘텐츠 중심으로 강의를 기획하게 되면, 기획을 충분히 하지 못한 채 강의 자료를 만드는 계획 단계로 빨리 넘어가버리곤 한다. 무엇을 알려줄 지 고민이 끝나면 바로 그것을 바탕으로 강의 PPT를 만들기 시작하는 것이다. 그리고 어떻게 하면 PPT를 좀 더 깔끔하게 만들지, 어떤 이미지를 넣을 지와 같은 덜 핵심적인 것들에 집중하게 된다.

나는 평소에 A4 아날로그 기획 방법을 활용한다. 강의 의뢰를 받으면 일단 A4 종이와 연필 하나를 놓고 조용한 장소에 앉아서 거기에 전체 스케치를 하기 시작한다. 현재 학습자들이 어떤 상태에 있는지, 강의를 통해 그들을 어디로 데리고 가고자 하는지 큰 여정의 그림을 짠다. 그들에게 의미 있는 학습 경험이 무엇일지 고민하고 그 경험들을 디자인해본다.

큰 그림을 짜야 하고, 그 안에 들어갈 세부 사항들의 관계를 계속 왔다 갔다 하면서 생각해야 하므로 연필과 지우개, 혹은 떼었다 붙였다 할 수 있는 포스트 잇을 활용하는 것이 도움이 된다. 순서를 이렇게 놓았다가 저렇게 놓았다가 큰 그림이 맞추어 질 때까지 계속 조율을 하는 과정이 계속된다. 이 큰 그림, 즉 강의 설계도가 완성되면 실제 강의의 70-80%가 준비된 것이다.

충분한 시간을 기획에 투자한 후에 비로소 나는 콘텐츠를 정리하고, 자료를 모으고, 강의 PPT를 만든다. 준비 시간이 부족해도 이 기획 시간을 대충 넘어가지는 않으려고 한다. 이 부분이 제대로 되지 않으면 즉 틀을 제대로 잡지 않으면 이후의 작업들을 하는 데 시간이 더 많이 걸린다는 것을 경험을 통해 알기 때문이다.

학습 디자인을 할 때는 철저하게 아날로그로 돌아가기를 추천한다. 강의 준비를 할 때 컴퓨터 앞에 먼저 앉아 내용을 정리하고 강의 자료를 만드는 일에 시간을 많이 쓰고 있다면 이제 컴퓨터를 끄고 백지 한 장을 마주해보자. 그리고 그 백지에 내 강의에 온 학습자들에게 선물할 배움을 디자인해보자. 그들에게 어떤 배움의 여정을 선물하고 싶은가? 그 여정을 어떻게 그리는지 다음 장에서 구체적으로 살펴보고 함께 연습해보도록 하자.

러닝 퍼실리테이션과 구성주의

러닝 퍼실리테이션을 지지하는 대표적인 학습 이론으로 '구성주의 Construc-tivism'를 꼽을 수 있다. 구성주의는 지식을 객관적인 것이 아니라, 개개인이 경험을 통해 구성하는 것으로 본다. 이런 관점에서 학습은 개인이 경험을 통해 지식을 재구성해 나가는 능동적인 과정이다. 이 과정에서 '사회적 상호작용'을 특히 중요하게 생각한 학자가 비고츠키 Vygotsky 이다. 비고츠키는 근접발달영역 ZPD, Zone of Proximal Development 와 비계 Scaffolding 라는 개념을 소개했다.

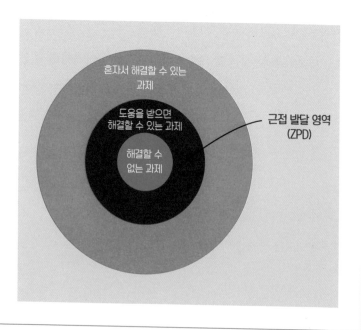

근접발달영역

비고츠키는 그림에서 보는 것처럼 혼자서 할 수 있는 영역에 근접해 있으면서 도움을 받으면 발전할 수 있는 부분을 근접 발달 영역이라고 불렀다. 학습자들이 다양한 경험을 통해 근접발달영역에 이르도록 하는 것이 러닝 퍼실리테이션을 하는 목적이라고 볼 수 있다.

비계

비계는 건축 현장에서 재료 운반이나 사람들의 이동을 돕기 위해 만든 임시 가설물을 말하는데, 비고츠키는 학습자가 근접 발달 영역으로 이동할 수 있도록 돕는 사회적 상호작용, 촉진, 조력을 비계로 설명하였다. 다른 학습자들 간의 상호 작용, 교사의 촉진 활동이 비계가 되어 학습자가 현재의 수준을 넘어서 다음 수준으로 나아갈 수 있도록 도와준다. 따라서 우리는 교육을 설계할 때 '어떻게 학습자에게 도움이 될 수 있는 비계를 만들어 줄 수 있을까'에 대해서 고민할 필요가 있다.

러닝 퍼실리테이션을 위한
경험 디자인 기술

EXPERIENCE DESIGN

PART **04**

학습 경험 디자인의
실제

LEARNING FACILITATION

거꾸로 디자인하라

러닝 퍼실리테이션 과정을 수강하러 온 학습자들과 러닝 디자인 실습을 하기 전에 나는 그들에게 평소에 어떤 프로세스로 강의를 설계하는지 그려보도록 한다. 강의 의뢰를 받은 날부터 강의 바로 직전까지 어떤 절차를 따르는지, 자신에게 혹은 타인에게 어떤 질문을 하는지, 구체적으로 어떤 행동을 취하는지 다음과 같이 그려보도록 한다. 이 책을 읽고 있는 독자들도 한번 그려보기를 권한다.

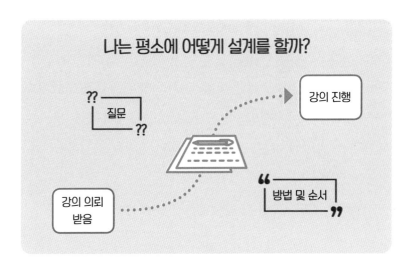

1	2	3	4	5
강의 대상/주제/시간 등을 확인한다.	어떤 내용을 다룰지 생각한다.	내용과 관련된 자료와 사례를 수집한다.	내용의 순서를 정하고 활동과 방법을 생각한다.	강의 자료 및 활동지를 만든다.

 강의자마다 조금씩 다르기는 하지만 일반적으로 비슷한 패턴을 따른다. 대체로 먼저 강의 주제/대상/시간 등을 확인한다. 누가 이 강의를 듣는지, 시간은 얼마가 주어졌는지, 어떤 주제를 원하는지를 파악한다. 다음으로는 구체적으로 어떤 내용을 다룰지 생각하고, 관련 자료나 사례들을 수집한다. 그리고 내용의 순서를 정한 다음 필요한 활동을 구상한다. 마지막으로 강의 자료를 만든다.

 이렇게 강의를 준비한다고 가정해보고 다음 질문에 함께 답을 해보자.

"위의 단계에서 주인공은 누구인가?"

이런 순서로 강의를 준비할 때 강의자가 가장 큰 관심을 두고 가장 많이 고민하는 것이 무엇인가를 생각해보면 답을 쉽게 찾을 수 있다. 주인공은 바로 '강의 내용' 즉 강의 콘텐츠다.

학습자를 중심에 두고 디자인한다

예로 든 강의 설계 프로세스에서는 학습자에 대한 고민이 빠져 있다. 이 강의가 그들에게 왜 필요한지, 이 강의를 듣고 나서 그들이 어떤 상태가 되기를 바라는지에 대한 고민이 없다. 그들에게 진짜 필요한 학습 내용이 무엇인지, 학습자가 그 내용과 어떻게 상호작용하도록 도울지에 대한 고민도 빠져 있다. 러닝이 아닌 티칭을 디자인했기 때문이다.

러닝을 디자인하기 위해서는 학습자를 중심에 두고 디자인을 해야 한다. 다음 그림처럼 학습자를 가운데 두고 그들과 관련된 질문들을 던져보아야 한다. 러닝 디자인을 하면서 강의 내용이 먼저 고려되어서는 안 된다. 우리가 가르쳐준다고 학습자들이 그것을 그대로 다 배우는 것은 아니다. 강의 내용을 아무리 많이 전달해도 학습자의 머리에 남는 것은 아주 제한적이다. 그런 의미에서 내용을 고민하는 것이 러닝 디자인의 핵심 과제가 아니다. 우리의 최종 목표는 학습자의 배움이다.

거꾸로 디자인 방법

러닝 디자인의 기본적인 컨셉은 '거꾸로 디자인하기'다. 거꾸로 디자인한다는 것은 통상적으로 우리가 강의를 설계하는 방식과 반대로 한다는 의미이다. 거꾸로 디자인하기를 도와주는 프레임이 있는데, 그것은 바로 '백워드 디자인' Backward Design 이다. '거꾸로 설계'라고도 불리는 이 설계 방식의 주창자는 위긴스Wiggins 와 맥타이McTighe 라는 학자다. 그들은 백워드 디자인의 3단계를 다음과 같이 제시하였다.

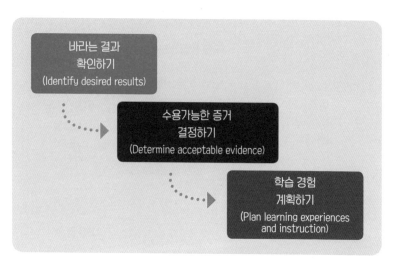

백워드 디자인 3단계 (Wiggins & McTighe)

첫 번째 단계는 '바라는 결과' 확인하기로 학습 결과를 구체화해보는 단계이다. 스티븐 코비Stephen Covey 의 〈성공하는 사람들의 7가지 습관〉 중에서 두 번째 습관이 '끝을 보며 시작하라' Begin with the end in mind 인데, 1단계를 이에 비유할 수 있다. 내 강의를 듣고 나서 학습자들이 어떤 모습이 되면 좋을지 시작점에서 먼저 끝점으로 이동해보는 것이다. 학습 결과와 관련해서 학습자들이 내용을 얼마나 많이 알고 있는지가 중요한 것이 아니다. 학습자들이 배움을 통해 어떤 변화와 성장을 했는지가 무엇보다 중요하다.

이 첫 단계가 러닝 디자인의 방향을 설정해주기 때문에 중요하다. '우리는 왜 러닝을 디자인하는가?'의 본질적인 질문과도 관련이 있는데, 우리가 러닝을 디자인하는 이유는 학습자들이 의미있는 배움의 결과를 만들어나가도록 돕기 위함이다. 그러기 위해 강의자는 구체적인 학습 결과를 먼저 생각하고 학습자들이 그 결과를 만들어갈 수 있도록 학습 경험을 디자인하고 촉진할 수 있어야 한다.

백워드 디자인의 두 번째 단계는 '수용 가능한 증거 결정하기'이다. 이 단계가 강의자들에게 가장 낯선 단계일 수 있다. 그동안 해보지 않았던 고민을 해야 하기 때문이다. 이 단계에서는 '학습자들이 잘 배웠다는 것을 내가 어떻게 확인할 것인가'의 질문을 던진다. 강의 목표를 설정하더라도 그 목표를 달성한 증거를 무엇으로 잡을지에 대해 깊게 고민하지 않는 경우가 많다. 백워드 디자인이 러닝 디자인에 유용한 프레임인 이유는 이 두 번째 단계 때문이다. 이 단계는 강의자들에게 학습 증거를 구체적으로 고민하도록 촉구한다.

이 단계를 고려하지 않으면 '학습자들이 이런 배움을 얻어가면 좋겠다'라는 목표가 그냥 기대로 그치고 만다. 러닝 디자인을 한다는 것은 학습자의 배움을 그냥 기대하는 것이 아니라 실제 배움이 일어나도록 설계하겠다는 의지이다. 그러기 위해서 우리는 배움이 일어났다는 것을 어떻게 확인할 것인가에 대해 적극적으로 답할 수 있어야 한다.

마지막 단계는 '학습 경험 계획하기'이다. 많은 강의자가 설계할 때 1단계와 2단계를 뛰어넘고 3단계에서부터 시작하는 경우가 많다. 백워드 설계에서는 이 단계가 가장 마지막이라는 사실에 주목해보자. 1단계와 2단계가 세팅되어 있어야 3단계가 가능하다. 다시 말해 원하는 학습 결과와 그것을 어떻게 확인할지에 대한 증거가 설정되어야 비로소 학습자들이 학습의 증거를 보여줄 수 있도록 하기 위해 어떤 경험이 필요한지 결정할 수 있다. 3단계에서 계획하는 것이 구체적인 학습 경험인데, 경험 안에는 이해하기, 생각하기, 성찰하기, 실습하기 등 등이 포함된다. 이 단계에서도 우리는 콘텐츠가 아니라 학습자의 경험을 우선적으로 고려한다.

러닝 디자인 5단계 DEPTH

앞서 소개한 백워드 디자인에 기반하여 DEPTH 라는 러닝 디자인 5단계를 개발하였는데 DEPTH 5단계는 다음과 같다.

DEPTH는 Destination-Evidence-Process-Tools-Handy Map의 첫 글자를 따서 만든 용어인데, 학습자의 깊이 있는 학습을 촉진한다는 의미도 담고 있다. 1단계에서 학습 목표를 설정하고, 2단계에서 학습 증거를 설정하고, 3단계에서 본격적인 학습 경험을 디자인한다. 4단계에서 도구들을 설정해보고 5단계에서 최종적으로 전체적인 지도를 완성한다.

러닝 디자인 5단계 DEPTH

DEPTH 단계	질문	내용
1. Destination (학습 결과)	학습자들은 최종적으로 어떤 학습 결과를 보여줄 것인가?	구체적 학습 결과(목표) 설정
2. Evidence (학습 증거)	성공적인 학습 결과를 보여주는 증거는 무엇인가?	학습 결과에 대한 증거 설정
3. Process (학습 경험)	학습자들에게 어떤 학습 경험이 필요할까?	증거를 위한 학습 경험 디딤돌 설계
4. Tools (학습 도구)	어떤 도구가 학습 경험을 촉진할 수 있을까?	경험을 돕는 도구 선택
5. Handy Map (전체 설계도)	전체적으로 어떤 여정이 될까?	전체적인 러닝 맵 구성

　　DEPTH 5단계 프로세스를 통해서 최종적으로 완성하고자 하는 것은 러닝 맵Learning Map 이라고 불리는 설계 지도다. 다음 그림은 〈스파크 러닝 퍼실리테이션〉 과정에서 소개하는 러닝 맵 양식이다. 강의를 설계할 때 시각적으로 큰 그림을 그려가면서 1-5단계를 완성할 수 있도록 돕는 설계 지도 프레임이다. 러닝 맵은 강의자와 학습자 모두에게 유용한 도구이다. 강의자에게 러닝 맵은 원하는 학습 결과와 학습 증거에 설정하고 그에 기반하여 학습 경험을 디자인하도록 돕는 가이드라인이 되어준다. 학습자들에게는 어떤 학습 경험을 통해서 현재의 상태에서 원하는 상태로 갈 수 있는지 전체적인 학습 여정을 보여주는 지도가 되어준다. 설계 지도로 작성한 러닝 맵을 강의할 때 교육 장소

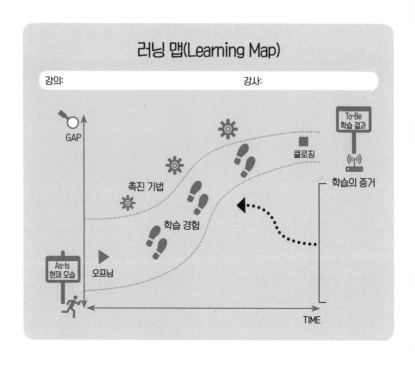

에 게시하여 학습자들이 학습 여정을 볼 수 있도록 활용하기도 한다.

이제 우리도 이 여정 지도를 가지고 러닝 디자인을 위한 학습 여정을 본격적으로 떠나보자. 미리 안내하자면 이 학습 여정에서 당신은 그동안 생각해보지 않았던 질문을 만나게 될 것이고, 해보지 않았던 고민을 하게 될 것이다. 그래서 이 여정이 만만하지는 않을 것이다. 그러나 희소식은 이 여정은 힘든 만큼 의미가 있다. 이 여정을 이미 떠나본 사람들의 후기를 먼저 읽어본다면 아마 조금은 설레는 마음으로 이 학습 여정을 함께 할 수 있을 것이다.

Case

저는 강당에서 진행하는 캠프에서 강당에 러닝 맵을 잘 보이도록 개시해 둡니다. 쉬는 시간에 학생, 학교 교사분들, 함께하는 강사님들이 주의 깊게 러닝 맵을 읽어보는 모습을 많이 관찰하곤 합니다. 관찰의 결과 더 적극적인 참여가 이루어짐을 알 수 있었습니다. 적극적인 참여가 일어나는 이유는 학습자 스스로 진행 방향과 그들의 경험을 예측할 수 있고, 세심하게 설계한 교수자의 정성을 느껴서라고 생각합니다. 저 스스로도 러닝 맵을 작성하면서 계속 학습자들과 저의 경험을 디자인하는 과정을 시뮬레이션해보기 때문에 강의가 물 흐르듯 짜임새 있게 진행되어 만족감을 느낄 수 있습니다.

이세영 - 프리랜서 강사

러닝 맵을 활용한 설계를 하고 나서…

- '러닝 맵'의 중요한 활동 없이 준비했던 수업들을 반성합니다.
- 러닝 맵 설계하기 - 어려웠지만, 수업 계획을 다시 생각해볼 수 있는 계기가 되었다.
- 강의를 기획할 때 수강자의 입장을 고려하지 않고 지식과 실행력만을 강조했다는 것을 알게 되어 폭풍 충격!
- 학습자 중심의 진정성 있는 강의자로 거듭날 수 있는 계기가 되었다.
- 강의 중심이 불편했던 나에게 꼭 맞는 교수 설계 방법이다.
- 러닝 맵 설계를 통해 중요한 것이 무엇인지 다시 깨닫게 되었습니다.
- '기획'의 의도를 갖고 설계해 보면서 그동안 강의하기 급급했던 모습 반성합니다.
- 학습에서의 주체가 누구인지, 설계가 왜 중요한지 알게 되어서 생각의 변화에 큰 도움이 되었습니다.
- 항상 학습자 입장에서 교육의 목표를 생각하고 실천해야겠습니다.
- 러닝 맵을 만들면서 그동안 강의자 중심 설계를 하고 있던 자신을 발견했어요.
- 학습의 목표를 학습자 중심으로 생각하게 되어 지식전달만이 아닌 학습자 중심의 목표를 세울 수 있어서 좋았다.
- 학습자에 대한 생각을 더 할 수 있어서 좋았다.
- 따라오지 못하는 학습자를 끝까지 끌고가지 못한 점에 많이 반성하는 시간이었다.
- 설계를 다시 생각해 볼 수 있는 시간이었고, 설계 질문 한 문장 한 문장 속에서 반성했다.
- 강의자가 아니라 수강자 중심으로 목표와 증거를 고민하게 되었다.

〈스파크 러닝 퍼실리테이션〉 수강생 후기

1단계 Destination: 목적지 설정

러닝 디자인의 첫 번째 단계는 배움의 목적지를 설정하는 것이다. 이를 위해 먼저 이 질문을 던져보자.

> 강의를 다 듣고 난 후 학습자들이 무엇을 알고, 느끼고,
> 혹은 할 수 있기를 바라는가?

이 질문에 답을 해보면서 내 강의를 통해 학습자를 최종적으로 어디로 데리고 갈 것인지를 생각해본다. 코칭 모델 중에 GROW 모델이 있는데, GROW는 Goal 목표, Reality 현재 상태, Obstacle/Option 장애물/선택, Will 실천 계획 의 약자이다. 코칭을 하면서 가장 먼저 코치이를 데리고 가는 곳이 바로 원하는 목표인 Goal이다. 코치이가 원하는 결과 혹

은 미래를 충분하게 꿈꾸어 보게 하는 것이 코칭의 시작이다.

원하는 미래에 대해 탐색을 하고 나서는 현재인 Reality를 돌아보는 시간을 갖는다. 원하는 모습에 비추어 보았을 때 현재의 모습은 어떠한지, 어떤 점에서 만족스럽고 어떤 점에서 만족스럽지 않은지 등을 탐색한다. 그리고 원하는 모습으로 좀 더 나아가기 위해 극복해야 할 장애물 Obstacle 이나 선택지 Option 를 생각해 보고, 마지막으로 그것을 극복하고 원하는 미래로 한 걸음 더 나아가기 위한 실천 다짐 Will 을 해 본다. 러닝 디자인의 첫 단계는 GROW의 Goal, Reality, Obstacle/Option을 탐색하는 과정과 유사하다.

To-Be/ As-Is/ Gap을 함께 고려한다

여행을 떠날 때 먼저 목적지를 설정하는 것처럼, 러닝 디자인을 할 때도 가장 먼저 배움의 목적지를 설정한다. 목적지를 설정하기 위해서는 누가 이 배움의 여정에 참여하는지를 알아야 한다. 신혼부부를 위한 여행인지, 청소년을 위한 여행인지, 시니어를 위한 여행인지에 따라서 여행 패키지의 내용이 달라지듯, 학습자에 따라 최종 목적지가 달라진다. 목적지 설정을 위해 먼저 내가 만날 학습자들이 누구이고, 그들이 현재 어떤 상태에 있는지 그들의 As-Is 현상태 를 탐색한다. As-Is를 탐색할 때 다음의 질문들을 참고해보자.

학습자에 대한 탐색 질문들

1. 그들은 누구인가?
2. 그들은 왜 이 강의를 듣는가?
3. 강의 주제와 관련해서 어떤 경험과 자원을 가지고 있는가?
4. 강의 주제와 관련하여 어떤 어려움을 가지고 있는가?
5. 강의 주제와 관련해서 어떤 성장/변화 욕구가 있는가?

학습자들의 As-Is를 파악하기 위해 다양한 방법을 모색할 수 있다. 강의를 의뢰한 사람을 통해 정보를 얻을 수도 있고, 의뢰한 사람을 통해 몇 명의 예비 학습자를 소개받아 전화나 메일로 간단한 사전 인터뷰를 진행할 수도 있다. 사전에 학습자들에게 설문하는 것이 허락되는 경우에는 사전 설문을 진행해 볼 수도 있다. 이 모든 것이 여의치 않다면 주변에 강의할 대상과 비슷한 상황에 있는 지인이 있는지 찾아보고 그 지인을 통해 간접적으로 정보를 얻을 수도 있다. 어떤 방법을 택하든지 학습자의 As-Is를 구체적으로 파악하는 것이 To-Be 목적지를 설정하는 데 도움이 된다.

학습자의 현재 상태를 이해했다면 이제 그들을 어디로 데리고 갈지 To-Be를 그려본다. 학습자가 어떤 변화 욕구가 있고, 어떤 어려움을 겪고 있는지 파악하고, 그들이 내 강의를 통해 어떤 변화된 모습이 될 수 있을지 생각해 본다. To-Be를 그려보도록 하면 종종 학습 내용을 진술하는 경우가 많은데, 학습 결과인 To-Be는 학습 후 학습자의 상태에 대한 것으로 학습 내용과는 다르다. 학습 결과 설정 방법에 대해서는 뒷부분에서 좀 더 자세히 다루고자 한다.

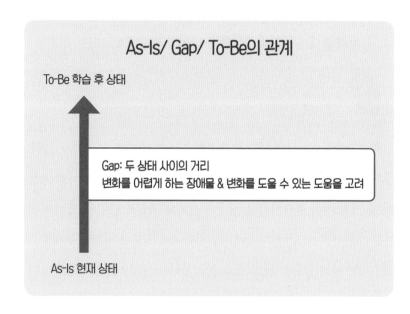

As-Is/ Gap/ To-Be의 관계

To-Be 학습 후 상태

Gap: 두 상태 사이의 거리
변화를 어렵게 하는 장애물 & 변화를 도울 수 있는 도움을 고려

As-Is 현재 상태

As-Is와 To-Be가 파악되었다면 그 사이의 간극인 Gap에 대해서 생각해보자. Gap을 파악하는 목적은 크게 두 가지이다. 첫 번째는 학습자가 현재 상태에서 원하는 상태로 이동하는 데 있어서 그 거리가 얼마나 먼지를 점검해 보기 위함이다. 가끔 2-3시간 강의를 하면서 10시간 강의로 가능한 To-Be을 설정하는 경우가 있다. 즉 목표를 너

무 거창하게 잡은 경우인데, 러닝 디자인을 할 때는 주어진 맥락context 안에서 현실적으로 실행할 수 있게 세부사항을 결정하는 것이 중요하다. 그런 의미에서 As-Is/To-Be/Gap을 함께 고려하는 것이 필요하다. Gap을 파악하는 두 번째 목적은 원하는 변화로 가는데 있어 그것을 어렵게 만드는 장애물이 있는지 확인해보기 위함이다. 학습자들이 어떤 장애물을 극복해야, 혹은 어떤 도움을 받아야 As-Is에서 To-Be로 좀 더 쉽게 이동할 수 있을지를 생각하도록 해준다.

학습자 입장에서 학습 목표를 설정한다

학습 결과인 To-Be를 설정해 보는 실습을 할 때 강의자들은 종종 다음과 같은 실수를 한다. Don't 종종 하는 실수 / Do 바람직한 방법 의 관점에서 학습 결과 설정 방법을 알아보자.

Don't #1: 가르쳐주고 싶은 내용 중심으로 To-Be를 설정한다

원하는 학습 결과를 미리 생각해서 진술해 본다는 것 자체가 익숙하지 않기 때문에 다음과 같이 가르치고자 하는 학습 내용을 그대로 넣어 진술하는 경우가 종종 있다.

예시

· 시간관리 매트릭스
· 효과적인 커뮤니케이션
· 밀레니얼 세대의 특징을 안다.
· 대화 모델 5단계를 이해한다.

이미 알려주고자 하는 내용을 정해 놓은 상태로 학습의 목표를 설정하려고 하면 위의 예시처럼 내용 중심의 목표가 되곤 한다.

→ Do #1: 학습 후 학습자의 변화, 성장, 전이의 관점에서 설정한다

학습 결과를 설정할 때는 학습자의 입장에서 교육이 학습자에게 미치는 구체적인 영향이나 효용성에 대해 생각해본다. 이런 생각을 돕기 위해 내용 중심으로 목표를 설정한 강의자에게 이렇게 종종 묻는다.

그 목표를 달성한 것이 학습자들에게 어떤 의미가 있나요?

어떤 내용을 학습하는 것이 그들의 삶에 어떤 가치나 의미가 있는지를 생각해보는 것은 학습자 중심의 목표를 설정하는 데 매우 중요하다. 예시를 통해 그 이유를 살펴보자.

사례 A	사례 B
리더십의 정의를 안다.	리더십에 대한 나만의 정의를 가질 수 있다.
좋은 리더십과 나쁜 리더십의 차이를 이해한다.	자신의 리더십을 진단할 수 있다.

사례 A와 B의 목표가 어떻게 다른지 살펴보자. A는 강의자 입장에서의 강의 목표이고, B는 학습자 입장에서의 학습 목표이다. 강의자 입장에서는 리더십의 정의를 알려주고 싶고, 좋은 리더십과 나쁜 리더십의 차이를 알도록 하고 싶다. 그런데 이렇게 생각해보자. "그 정의를 알고, 차이를 이해하는 것이 학습자에게는 어떤 의미가 있을까?" 명시적인 정의를 알고, 차이를 이해하는 것은 학습자들에게 큰 의미가 없다. 그것을 아는 것이 중요하다고 생각하는 사람은 강의자다.

배움은 학습자들의 삶에 의미가 있어야 하고, 그들의 변화나 성장에 도움이 될 수 있어야 한다. 그런 의미에서 리더십의 정의 자체를 아는 것보다는 다양한 정의들을 살펴보면서 자기만의 정의 혹은 리더십의 기준을 가지는 것이 학습자에게 더 의미 있다. 마찬가지로 좋은 리더십이 어떤 것이고, 나쁜 리더십이 어떤 것인가를 이해하는 것 자체보다는 자신의 리더십을 진단해보는 것이 그들에게 더 중요한 배움이다.

A와 B의 내용을 보면서 말만 조금 바꾸었을 뿐이지 실제 차이가 없다고 생각할 수도 있다. 그렇다면 이런 생각을 해보자. A로 교육의 목

표를 설정한 강의자와 B로 교육의 목표를 설정한 강의자의 실제 강의가 비슷할까 다를까? A로 목표를 설정했다면 내용을 알려주고 가르쳐주는 방향으로 갈 것이다. 그리고 학습자에게 알려주었다면 목표가 달성된 것으로 볼 것이다. 그러나 B의 경우는 다르다. 내가 알려주기보다는 학습자 스스로 정의를 만들어보고, 자기 진단을 하는 것이 중요하다. 그것이 중요한 목표이기 때문에 교육의 방향은 학습자들이 직접 해보도록 하고 그 과정을 도와주는 쪽으로 설정될 것이다. 이처럼 학습 목표를 설정하는 것은 '기준점'을 잡는 중요한 활동이다. 기준점을 어디에 두느냐에 따라 전체 교육 방향이 달라진다.

Don't #2: 지식적인지적 측면에서의 변화에만 초점을 맞춘다

두 번째로 강의자가 종종 범하는 실수가 어떤 것을 '안다/이해한다/파악한다' 같은 지적 변화만을 학습의 목표로 삼는 것이다. 전달식 강의는 주로 지적 변화를 목표로 삼지만, 러닝 퍼실리테이션을 기반으로 한 교육은 학습자의 전인적인 변화 혹은 통합적인 역량 개발을 목표로 삼는다.

→Do #2: 학습의 결과를 설정할 때는 KSA를 통합적으로 고려한다

KSA 목표는 K Knowledge /지식적 목표, S Skill /기술적 목표, A Attitude / 태도적 목표를 의미한다.

KSA	목표
Knowledge (지식)	지식적 측면에서의 변화/ 무엇을 알게 되었는가?
Skill(기술)	기술적 측면에서의 변화/ 무엇을 할 수 있게 되었는가?
Attitude(태도나 마인드)	태도 & 마인드의 변화/ 어떤 태도나 마인드를 가지게 되었는가?

KSA의 목표는 사실 서로 연결이 되어 있는 경우가 많다. 앎/함/됨, 즉 알고 하고 되어가는 과정은 함께 성장하는 과정으로 서로 떼어놓을 수 없는 경우가 많다. 따라서 학습 목표를 설정하면서 이 세 가지를 함께 고려하는 것이 좋다. 많은 강의자가 K나 S의 목표를 중요하게 생각하는데, 사실 진짜 배움은 태도/마인드의 변화인 A에서 시작되는 경우가 많다는 점을 기억했으면 한다. 예를 들어, 이 책을 쓰면서 나는 독자들이 A의 변화를 먼저 경험하길 원했다. '러닝 퍼실리테이터로 변신하고 싶다' 혹은 '러닝 디자인을 실제로 해보고 싶다'는 동기를 먼저 가져야 지식과 방법에 관심을 가지기 때문에 이 책의 앞부분에서 먼저 A의 변화를 촉진하고자 했다.

실제로 우리가 새로운 것을 배울 때 KSA의 측면에서의 변화가 함께 일어났을 때 '진짜' 배움이 일어나는 경우가 많다. 마인드 변화를 통해 결단해야 배우고자 하는 동기가 일어나고 그래야 인지적인 학습을 더

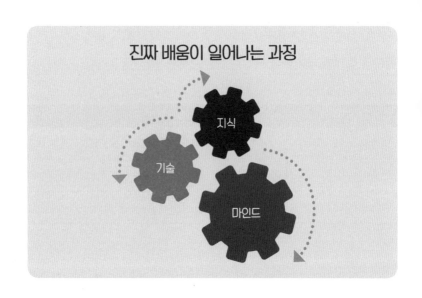

진짜 배움이 일어나는 과정

지식

기술

마인드

잘할 수 있게 된다. 그런데 인지적 학습은 그 이후의 액션으로 이어져야 의미 있기 때문에 액션으로 이어질 수 있도록 돕는 기술의 변화가 수반되어야 한다. 그러나 강의의 특성에 따라 KSA 중에서 어떤 목표가 더 중요한 목표가 되기도 한다. 그래서 가능하다면 학습 목표를 설정한 후에 목표들의 우선순위를 정해보는 것이 유용하다. 목표의 우선순위를 정해 놓으면 무엇에 좀 더 선택과 집중을 해야 할 지 결정하기가 쉬워진다.

학습 목표 설정을 위한
교육 목표 분류학

학습 목표를 진술할 때 블룸 Bloom 의 교육 목표 분류학 taxonomy 이 일반적으로 많이 사용되는데, 블룸은 인지적 영역에서 학습 단계를 지식, 이해, 적용, 분석, 종합, 평가로 제시했다. 이후 앤더슨과 크랫소울 Anderson & Krathwohl 은 이 단계를 기억하기, 이해하기, 적용하기, 분석하기, 평가하기, 창조하기로 수정하였다.

단계	설명	행동 동사	학습 목표 예시
창조하다	창조, 생성, 제작	설계하다, 제작하다, 창안하다	-을 설계할 수 있다. -을 개발할 수 있다.
평가하다	비교 분석, 가치 판단, 합리적 선택	판단하다, 비판하다, 선택하다	-을 평가할 수 있다. -을 합리적으로 선택할 수 있다.
분석하다	구별, 조직화, 종합, 해체	구조화하다, 해체하다, 변별하다, 통합하다	-을 구분할 수 있다. -을 통합할 수 있다.
응용하다	적용, 문제 해결	시행하다, 사용하다, 실행하다, 적용하다	-을 적용할 수 있다. -을 사용할 수 있다.
이해하다	의미 구성, 설명, 추론, 비교	해석하다, 요약하다, 추론하다, 분류하다, 비교하다, 설명하다, 예증하다	-을 설명할 수 있다. -을 구분할 수 있다. -을 다르게 표현할 수 있다.
기억하다	사실, 용어, 순서, 요소에 대한 기억	기억하다, 열거하다, 인지하다	-을 나열할 수 있다. -을 기억할 수 있다.

위의 분류학을 학습 목표 설정 시 다음과 같이 활용할 수 있다.

● 학습자들이 학습 후에 보이게 될 학습 결과가 기억하기/이해하기/적용하기/
  분석하기/평가하기/ 창조하기의 6단계 중에서 어느 단계에 해당하는지 생각
  해본다.

● 단계를 파악했다면 그 단계에 맞는 수행 동사를 활용하여 학습 목표를 진술해
  본다.

✓ 과거에는 6단계가 위계성을 가지는 것으로 해석되었으나 최근에는 위계성에
  대한 비판적인 시각도 있다. 예를 들어, '평가하기'가 '응용하기'보다 상위 단
  계이지만 응용하기를 수행하지 못하더라도 평가하기가 가능할 수도 있다고
  보는 것이다. 따라서 학습 목표 설정을 위해 위의 단계를 활용할 때 각 단계를
  위계적으로 이해하기보다는 학습이 깊어지는 일반적인 과정으로 이해하는
  것을 추천한다.

당신 강의를 통해 학습자들이
어떤 변화를 하는 것이 그들에게 의미 있는가?

이 질문에 답하면서 학습 목표를 적어보자. 이전에 적어두었던 강의 목표가 있다면 이를 학습자 중심의 학습 목표/결과로 바꾸어보자. 가능하다면 KSA의 목표로 구분해보면 좋다.

강의 목표 ····▶	학습 목표(결과)
	K목표
	S 목표
	A 목표
	목표의 우선 순위:

학습자 중심의 목표를 설정해보니…

● 러닝 맵을 작성하기 전에는 내가 알려 주고 싶은 것을 먼저 생각하고 강의를 짰습니다. 하지만 러닝 맵을 작성한 이후에는 학습자가 알았으면 하는 것을 먼저 생각하게 되었습니다. 강의를 준비하면서 학습자 중심에서 생각하게 된 것이 가장 큰 변화입니다.

강민주 – 에르디아/퍼실리테이터

● 교수자 중심보다는 학습자 관점의 '배움과 변화'에 집중함으로써 학습자에게 더 폭넓은 인사이트를 제공하는 교육 시간을 꾸려갈 수 있었습니다.

류희석 – 기업 강사

● 강의를 통해 달성하고자 하는 목표에 집중하면서 설계하다 보니 주제에 맞는 맥락의 구성이 가능하고 강의가 더 구조화되어서 명확하게 수강자에게 전달되는 느낌을 받았다.

김원숙 – 지역사회교육 사회적협동조합/강사

2단계 Evidence: 학습 증거 설정

1단계에서 우리는 학습자들을 최종적으로 어디로 데리고 갈지에 대해 고민하였다. 강의를 통해 데리고 갈 배움의 종착지에서 학습자들이 구체적으로 어떤 학습 결과를 보일지에 대해서 생각해보고 학습 목표를 설정해 보았다. 2단계에서는 그 결과에 대한 '증거'를 생각해본다. '학습의 증거'라는 용어가 새로울 수 있는데, 러닝 디자이너로서 익숙해져야 할 중요한 용어이다. 우리는 누구나 내 강의를 통해 학습자들이 잘 배우기를 바란다. 그런데 안타깝게도 많은 강의자가 '잘 배웠다'라는 게 구체적으로 어떤 모습인지, 그 모습을 내가 어떻게 확인할 수 있는지에 대해 깊이 생각해보지 않는다.

가르친 것을 잘 배웠는지를 확인하기 위해 학교에서는 일반적으로 '평가'라는 것을 활용한다. 평가가 '학습 증거'를 얻을 수 있는 가장 대표적인 방법이다. 원래 평가의 목적은 학습 증거를 확인하여 원래의 목적대로 교육이 잘 이루어졌는지 확인하고, 학습이 잘 이루어지지 않은 부분에 대해서 교수-학습 측면에서 보완하고자 하는 것이다. 그런데 현실에서는 평가가 등급을 매기고, 학습자를 나누고, 점수를 주는 목적으로 주로 활용되고 있어 사람들이 평가에 대해 부정적인 시각을 가지고 있는 경우가 많다.

통상적으로는 [교육 목표 설정]-[교육 진행]-[교육 평가]의 순서로 교육이 진행되지만, 사실은 [교육 목표 설정]- [교육 평가]- [교육 진행]의 순서로 진행되는 것이 바람직하다. 후자의 경우 [교육 평가]는 교육 목표가 달성되었다는 것을 어떻게 확인할 것인가에 대한 지표이다. 교육 진행 전에 목표 설정에 대한 지표가 설정되면 그 지표가 어떻게 교육을 진행해야 하는가에 대한 가이드라인이 되어주고, 교육 목표에 맞추어 교육을 진행할 수 있게 된다.

과녁이 어디인가?

강의하는 것을 활을 쏘는 것으로 생각해보자. 우리는 어디를 향해 활을 쏘는 것일까? 앞서 1단계에서 이야기했던 구체적인 학습 결과를 설정하지 않고 강의하는 경우 내용이라는 화살을 목적 없이 무조건 날려 보내는 격이 된다. 계속 화살은 쏘는데 목표 지점이 없는 것이다. 다음 그림에서 첫 번째가 과녁이 없는 이 상황에 해당된다.

목표가 없는 경우	목표만 있고 증거는 없는 경우	목표와 증거를 설정한 경우
과녁이 없음		100 80 60 40 20

학습 목표에 대한 설정을 한 경우는 동그란 원을 그려 놓은 두 번째에 해당한다. 학습자들이 학습 결과로 무엇을 알고 할 수 있을지에 대해 고민하였다. 그러나 그 결과를 어떻게 확인할지를 고민하지 않았기 때문에, 즉 학습의 증거를 고려하지 않았기 때문에 어디에 맞추어야 학습이 이루어진 것으로 볼 수 있는지를 알려주는 과녁은 아니다. 세 번째 그림과 비교하면 그 차이를 명확히 알 수 있다.

세 번째 그림의 경우는 목표와 증거를 모두 고민한 경우다. 동그라미라는 목표를 설정하고, 그 동그라미의 어느 부분을 맞추었을 때 목표 달성이 된 것인지도 설정하였다. 우리의 목표는 많은 학습자가 과녁의 중앙 부분을 맞추도록 하는 것이다. 이렇게 목표와 증거가 설정되어 있어야 학습자에게 어떤 학습 경험이 필요한지 파악하여 방향을 설정할 수 있게 된다. 세 번째 그림을 예로 들자면, 학습자들에게 필요한 경험은 과녁의 중앙을 잘 맞추도록 하는 연습이다.

우리가 일상에서 목표를 세울 때에도 마찬가지다. '살을 빼겠다'라는 목표를 정했다고 생각해보자. 살을 뺀다는 목표를 달성했다는 증거는 무엇일까? 살을 뺀다는 목표를 달성한 성공적인 모습은 무엇일까? 예를 들어 '3개월 후에 지금보다 9kg을 감량하는 것'이 성공적인 모습이라면 그것이 목표에 대한 증거인 셈이다. 이렇게 증거를 설정하면 구체적인 계획을 할 수 있게 된다. "3개월 안에 9kg을 빼야 하니 한 달에 3kg정도를 감량하면 되겠네. 그럼 어떻게 한 달에 3kg를 뺄 수 있을까?" 이렇게 구체적으로 체중 감량 계획을 세우게 된다.

조금 다른 예를 들어보자. 나의 목표가 '자신감 키우기'라고 생각해보자. 다음으로 물어야 할 질문은 그 목표에 대한 증거이다. "자신감이 키워진 것을 나는 무엇을 보고 확인할 수 있을까?" 이를 위해 자신감이 향상된 미래의 내가 구체적으로 할 행동이나 말 혹은 태도 등을 떠올려본다. 예를 들어 '사람들 앞에서 내 생각을 적극적으로 이야기한다'를 가장 중요한 증거로 삼았다면 이제 자신감을 키우기 위해 집중해야 할 과녁이 생긴 셈이다. 사람들 앞에서 적극적으로 나의 이야기를 하지 못하는 이유를 파악하고, 좀 더 적극적으로 의견을 표현할 수 있도록 노력하는 구체적인 방향성이 생긴다.

학습 증거를 설정하는 것은 학습자가 잘했는지 못했는지 학습자를 평가하기 위한 것이 아니다. 학습자들이 잘 배울 수 있도록 돕기 위해서이다. 학습 증거는 백워드 디자인에서 1단계에 해당하는 [원하는 학습 결과 설정하기]와 3단계에서 [학습 경험 디자인하기] 사이에서 가교의 역할을 해준다. 이 다리가 있어야 우리는 학습 경험을 디자인할

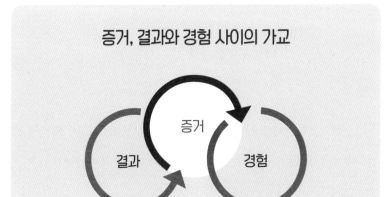

때 구체적인 지침 혹은 가이드라인을 가질 수 있다. 1단계에서 설정한 다소 추상적인 '목표'라는 것을 2단계에서 조금 구체적인 '증거'로 설정해 봄으로써 3단계에서 비로소 학습자들에게 필요한 구체적인 경험을 설계할 수 있게 된다.

학습 증거 설정 방법

학습 증거의 의미에 대해 이해했다면 이제 구체적으로 어떻게 학습 증거를 설정할지 살펴보자. 앞서 1단계 〈직접 해보기〉에서 본인 강의의 학습 목표를 설정하였다면 이제 그 목표에 대해 다음 질문을 던져보자.

학습자가 잘 배웠다는 것을 목표를 달성했다는 것을
나는 무엇을 통해 알 수 있는가?

평소에 강의 설계를 하면서 자주 해보는 질문이 아니기 때문에 이
질문에 선뜻 답하지 못할 수도 있다. 그렇다면 이렇게 생각해보자.

1. 교육을 다 받은 학습자 중에서 잘 배운 학습 결과를 성취한 Good
   Learner와 잘 배우지 못한 Bad Learner를 구분해 본다고
   했을 때, 어떤 학습자가 Good Learner인가?

2. Good Learner는 Bad Learner와 달리 구체적으로 무엇
   을 알고 할 수 있는가?

3. Good Learner가 '알고 할 수 있는' 그것을 나는 무엇을 보
   고 확인할 수 있는가?

4. 어느 정도 알고 할 수 있다고 관찰되었을 때 나는 그 학습자
   를 잘 배운 것으로 볼 것인가?

1번의 질문은 러닝 디자인의 1단계에서 설명한 원하는 학습 결과와
관련된 질문이다. 2, 3, 4번 질문은 학습의 증거와 관련된 질문인데, 잘

배운 것을 확인하기 위해서는 직접/간접적인 관찰이 필요하다. 그리고 관찰을 했을 때 학습 정도를 판단할 기준이 필요하다.

교육을 다 마치고 학습자들에게 [　　1　　]을 하도록 해 보았는데, 잘 배운 학습자들은 [　　2　　] 정도의 수행 을 보인다.

위의 박스에서 1번 괄호에 들어가는 것은 수행 과제이고, 2번 괄호에 들어가는 것은 기준과 수준이다. 학습자들의 행동이나 행동 결과물을 관찰해보고, 그것이 정해진 기준에 만족했을 때 우리는 그들이 잘 배웠다고 알 수 있다. 앞서 예를 든 과녁 맞히기로 돌아가 보자. '과녁 맞히기'가 수행 과제에 해당하고, 예를 들어 '60-80 숫자가 적힌 표적에 맞추는 확률이 80%가 된다'가 수준에 해당한다. 이렇게 학습 증거를 설정할 때는 '어떻게 확인할까?' 과제, '어느 정도 수준이면 될까?' 기준를 고민하는데, 두 가지를 다 고려하기가 어렵다면 처음에는 수행 과제 설정부터 시작해보면 좋다.

구체적인 예시를 통해 원하는 학습 결과에 대한 증거를 설정하는 방법을 살펴보자. 1단계를 설명할 때 활용했던 예시로 돌아가 보자.

원하는 학습 결과	학습 증거	과제/기준
리더십에 대한 자기만의 정의를 가질 수 있다.	**좋은 리더십에 대해 스스로 정의한다.**	[과제] 좋은 리더십에 대한 정의 적어보기 [기준] 구체적 내용 & 명확한 이유
자신의 리더십을 진단할 수 있다.	**리더로서 자신의 장단점을 파악한다.**	[과제] 리더로서 자신의 장단점 말해보기 [기준] 장/단점 최소 3가지씩 파악 & 경험을 통한 성찰

첫 번째 목표의 경우, 리더십에 대한 자기만의 정의를 가질 수 있는 목표를 달성한 학습자라면 '좋은 리더십에 대해 스스로 정의할 수 있다'는 학습 증거를 보일 것이라고 설정했다. 그리고 좋은 리더에 대한 정의를 스스로 적어보게 했을 때 왜 그렇게 생각하는지에 대한 이유가 명확하고, 내용이 구체적이면 성공적인 학습 증거라고 설정했다. 두 번째 목표의 경우, 자신의 리더십을 진단할 수 있다는 목표를 달성한 학습자라면 '리더로서 자신의 장단점을 구체적으로 파악한다'는 증거를 보일 것이라고 설정했다. 그리고 실제로 자신의 장단점을 구체적으로 말해보도록 하는 과업에서 학습자가 리더로서의 경험을 성찰하면서 장단점을 최소 3가지씩을 적을 수 있다면 양이 중요한 것이 아니라 균형감이 중요해서 학습 증거를 달성한 것으로 볼 것이라고 설정하였다.

위의 내용을 읽으면서 나라면 좀 다르게 학습의 증거와 그에 따른 과제/기준으로 삼을 것 같다고 생각하는 독자가 있을 수도 있다. 학습의 증거 설정이야말로 내용 전문가로서의 전문성이 발휘되어야 하는 부분이다. 설정한 목표에 대해 무엇이 가장 적절한 증거가 될 수 있는 지, 어떤 관찰을 통해서 그 증거를 확인할 수 있는지, 어느 정도를 달성 기준으로 볼 것인지는 교육을 하는 사람이 가장 잘 아는 영역이다. 학 습자의 특성 및 수준에 대한 이해도 필요하고, 풍부한 강의 경험도 필 요하다.

학습 증거 설정 연습

학습 증거 설정이 다소 생소하면서 어려운 활동이라 예시를 통해 좀 더 살펴보도록 하자. 먼저 다음의 학습 결과를 보고 적절한 학습 증거를 생각해서 적어보자.

학습 결과	학습 증거
자신의 시간 활용 패턴을 파악한다.	
밀레니얼 세대를 공감한다.	
학생들에게 효과적으로 질문할 수 있다.	

각 목표의 증거 설정을 촉진할 수 있는 질문과 학습 증거를 정리해보면 다음과 같다.

1. 자신의 시간 활용 패턴을 파악한다.

증거 설정 촉진 질문	학습 증거
자신의 시간 활용 패턴을 파악한 사람은 구체적으로 어떤 수행을 보일까?	- 일주일 시간 사용 목록을 기록해본다. - 평가/비교를 통해 자신의 패턴을 정리한다.

2. 밀레니얼 세대를 공감한다.

증거 설정 촉진 질문		학습 증거
밀레니얼 세대를 진심으로 공감하게 된 학습자는 이전과 어떤 점에서 달라졌을까?		- 밀레니얼 세대가 중요하게 생각하는 가치를 파악한다. - 밀레니얼 세대를 '나와 너'의 관점이 아닌 '우리'의 관점으로 바라본다.

3. 학생들에게 효과적으로 질문할 수 있다.

증거 설정 촉진 질문		학습 증거
학생들에게 효과적인 질문을 던질 수 있는 연습이 충분히 되었다는 것을 어떻게 확인할 수 있을까?		- 사고를 촉진하는 질문을 만든다. - 덜 효과적인 질문을 더 효과적인 질문으로 바꾼다.

✓ 학습 목표나 학습 증거는 정답이 있는 것이 아니다. 적절성의 정도가 달라질 뿐이다. 여기에서 제시하는 예시도 정답이 아니라 가능한 아이디어 혹은 제안이다.

1단계 〈직접 해보기〉에서 설정한 학습 목표로 돌아가 보자. 학습자가 그 목표를 달성했다는 증거가 무엇일지 학습 증거를 설정해보자. 가능하다면 과제와 기준을 모두 생각해보자.

학습 목표	학습 증거
1.	증거: 과제 & 기준:
2.	증거: 과제 & 기준:
3.	증거: 과제 & 기준:

학습 증거를 설정해보니…

● 학습 목표와 연계하여 '학습증거를 설정하는 단계'가 가장 신선하고도 어려웠지만, 숙달되면서 가장 도움이 되고 있습니다. 교수자 중심으로 목표를 설정할 때는 이 단계가 왜 필요한지도 사실 잘 몰랐습니다. 그러나 '학습자가 학습 목표에 달성했다!'라고 말할 수 있는 근거로 무엇을 어떤 수준으로 잡아야 할 것인지는 고민하면서 학습자를 더 잘 파악하고자 노력하게 되었습니다. 이 때문에 매 수업 종료 시 학생들의 피드백 새롭게 알게 된 점, 더 알고 싶은 점 에 더욱 귀를 기울이게 되었습니다. 학습자 피드백을 다음 차시 수업 시에 반영하는 과정을 반복하면서, 학습 증거를 설정하는 것이 수업을 학생 특성과 수준에 맞게 설계하는 동력이 되고 있습니다.

홍수진 – 우석대학교/교수

● 학습 증거 단계를 알게 된 것이 나에게 가장 의미가 있었다. 학습 증거를 고민하면서 그동안 교육을 학습자 중심으로 만들어야 한다고 이론적으로는 생각했으나 실제로는 교수자 중심으로 만들고 있었음을 알게 되었다. 학습자 중심의 강의를 위해서는 학습 증거를 제대로 설정하는 훈련이 필요하다는 것을 인지하게 되었다.

고일주 – 숭실대/ 교수

- 러닝 맵 설계를 하면서 교육생들이 이 강의를 듣고나서 제시할 수 있는 학습 증거를 생각하니 강의 설계시 교육생들이 어떻게 해야 교육 과정을 잘 소화했는지를 미리 그려보게 됩니다. 이렇게 미리 포지셔닝하고 들어가니 애매하던 강의 설계가 확실히 명확해지고 깔끔하게 정리됨을 느낍니다.

송지영 – 프럼미에듀/대표

가르치지 말고 경험하게 하라

3단계 Process: 학습 경험 설계

학습 증거를 설정하는 단계는 학습 목표1단계 와 학습 경험3단계 을 이어주는 가교의 역할을 한다는 것을 기억할 것이다. 3단계에서는 '학습 증거'로 설정한 것을 학습자들이 실제 성취할 수 있도록 도우려면 구체적으로 어떤 학습 경험을 제공해야 할지를 고민하고 그 경험을 설계한다. 1단계와 2단계를 고려하지 않으면 다음과 같이 '학습자들에게 어떤 활동을 시켜보면 좋을까?'를 구체적인 기준 없이 결정하게 되곤 한다.

재미있을 것 같아서

익숙하니까 강의자 입장에서

새로 알게 된 활동인데 한번 활용해보고 싶어서

러닝을 디자인한다는 것은 목적성이 있는 교육 활동을 설계해 보겠다는 의미이다. 학습자들에게 던질 질문, 학습자들이 해 볼 과제, 학습자들이 함께할 활동들, 이 모든 것들은 목적과 의미가 있어야 한다. 그것이 빠진 활동은 그야말로 '활동을 위한 활동'이 되어버린다.

언젠가 러닝 퍼실리테이션 교육을 하러 갔는데 전체 연수 일정 중에서 내 교육이 둘째 날 배치되어 있었다. 내가 교육장에 들어가서 오프닝을 하려고 하는데 앞에 앉아 있던 학습자가 이렇게 말을 해서 나를 놀라게 했다.

"저희는 이제 포스트잇과 전지 활동에 지쳤어요!"

이유를 물어보니 앞선 교육에서 왜 해야 하는지 이유도 모른 채 계속 활동을 하면서 포스트잇에 생각을 적고 내용을 전지에 정리해 붙이는 '노동'을 했다는 것이었다. 그 학습자의 표현대로 이런 경험은 학습자들에게 학습이 아니라 노동이다.

아마 이 책을 읽는 독자들도 학습자로서 이런 비슷한 경험을 한 적이 있을 것이다. 강의자가 무언가를 계속 시켜서 활동하긴 했는데, 왜 하고 있는지도 모르고 동기 부여도 되지 않고, 다 끝나고 나서 무언가를 했다는 것 빼고는 머릿속에 남은 게 없었던, 이것이 바로 '활동을 위한 활동'의 부작용이다. 교육 활동은 강의자에게도 그리고 학습자에게도 목적과 의미가 있어야 한다.

증거에 맞는 학습 경험을 설계한다

3단계의 목적은 증거에 맞는 학습 경험을 디자인하는 것이다. 증거에 맞는 경험은 2단계에서 설정한 학습 증거를 학습자가 만들어 낼 수 있도록 돕는다. 예를 들어, '좋은 리더십에 대해 스스로 정의를 적어보기'를 학습 증거로 설정했다면, 이 증거를 염두에 두며 어떤 경험을 해보아야 학습자들이 스스로 정의를 만들어낼 수 있을지 고민해본다.

좋은 리더십에 대해 스스로 정의를 적어보려면 일반적으로 좋은 리더를 어떻게 정의하는지 살펴보는 것이 도움이 될 수 있다. 리더로서 자신의 경험 혹은 좋은 리더를 만났던 경험을 성찰하는 것도 도움이 될 수 있다. 좋은 리더와 나쁜 리더는 구체적으로 어떻게 다른지를 생각해보는 것도 도움이 될 수 있다. 이런 '도움닫기' 경험을 통해 학습자는 스스로 좋은 리더십에 대해 정리해보고, 학습 증거를 보여줄 수 있게 된다.

원하는 학습 결과	학습 증거	학습 경험
리더십에 대한 자기만의 정의를 가질 수 있다.	**좋은 리더십에 대해 스스로 정의해본다.** 과제: 좋은 리더십에 대한 정의 적어보기 기준: 구체적 내용 & 명확한 이유	✓ 리더십에 대한 다양한 정의 살펴보기 ✓ 내가 경험한 좋은 리더십 떠올려보기 ✓ 좋은 리더와 나쁜 리더의 특성 생각해보기 ✓ 최종적으로 좋은 리더십의 정의 적어보기

U-T-E 경험을 고려한다

위의 예시를 통해 살펴보았듯, 학습 경험을 디자인하는 것은 내용을 디자인하는 것이 아니다. 무엇을 가르칠 것인가가 아니라 학습자가 어떤 구체적인 경험을 해보는 것이 필요한가를 생각한다. 어떤 내용을 이해하는 것은 학습 경험의 일부분이다. 여전히 '학습 경험'이라는 말이 추상적으로 느껴진다면 우리가 학습 과정에서 실제 경험하게 되는 것이 무엇이 있는지 구체적으로 생각해보자.

구체적인 학습 경험의 예시		
모르는 것을 알게 되다	나를 돌아보게 되다	만들어보다
다른 시각을 이해하게 되다	알던 것/경험한 것을 상기하다	실습/ 연습을 해보다
노하우를 알게 되다		계획을 세워보다
다른 사람의 생각을 알게 되다	크게 생각하다(통합하다)	사람과 네트워킹 하다
	구체적으로 생각하다 (세분화하다)	관찰해보다
트렌드를 파악하다	비교/분석하다	가르쳐보다
구조/틀을 이해하다	우선순위를 생각하다	토론/발표하다
다양한 사례, 예시를 알게 되다	궁금증을 갖다	공감해보다
내 수준을 알게 되다	반대로 생각하다	시각적으로 그려보다
필요성 & 중요성을 알다	창의적인 아이디어를 떠올리다	타인에게 물어보다
이론/개념/정의를 알다	적용 방법을 모색하다	다른 역할이 되어보다
맥락을 파악하다	내 문제를 생각하다	상상해보다
U(Understanding) 이해하기	T(Thinking) 생각하기	E(Experiencing) 경험하기

지금까지 이 책을 읽으면서 당신은 어떤 학습 경험을 하였는가? 위의 리스트에서 찾아서 적어보거나 생각나는 것을 적어보자.

- 독자로서의 나의 학습 경험 적어보기 -

우리가 학습하는 과정에서 경험하게 되는 것들의 예시를 제시하였는데 실제 우리의 경험은 이보다 훨씬 더 다양하다. 우리가 3단계에서 디자인하고자 하는 것이 이러한 구체적인 학습 경험이다. 위의 경험 리스트 하단에 경험의 유형을 U-T-E로 구분해 보았다. 이해적인 관점에서 경험은 Understanding에 해당하고, 사고 측면에서의 경험은 Thinking에 해당하고, 실제 경험적인 것은 Experiencing에 해당한다. 물론 각각의 경험들은 배타적이지 않고, 어떤 경험은 U-T-E를 모두 넘나들기도 한다.

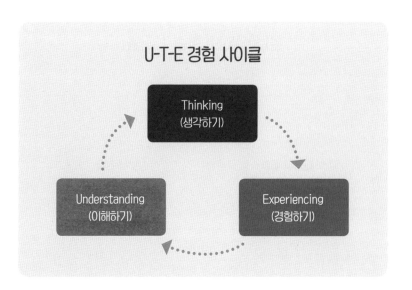

U-T-E 경험 사이클

Thinking
(생각하기)

Understanding
(이해하기)

Experiencing
(경험하기)

이렇게 U-T-E로 구분해 둔 이유는 학습 경험을 디자인하면서 U-T-E를 골고루 고려하도록 하기 위해서이다. 학습자들이 학습 과정에서 U-T-E를 모두 경험할 수 있다면 학습 경험은 더 깊어지고 풍부해질 수 있다. 다양한 측면에서의 학습 경험을 디자인하는 것은 학습 사이클과 학습 스타일 관점에서 중요한 의미가 있다. 학습할 때 어떤 경험을 하느냐에 따라 우리 뇌의 다른 부분이 활성화되는 것으로 알려져 있다. 경험에 따른 뇌의 활성화와 관련하여 콜브Kolb 는 우리 뇌를 전체적으로 활용하는 전뇌 활동Whole - Brain Learning 을 돕기 위해 구체적 경험 직접 경험해보기 – 성찰적 관찰 관찰하기 – 추상적 가설 생각하기 – 활동적 실험 실험하기 을 학습 사이클Learning Cycle 로 구성하면 효과적이라고 제안했다.

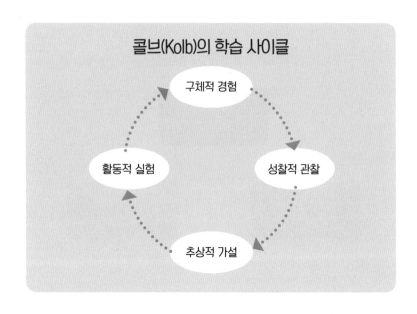

예를 들어, 자전거를 배우는 학습을 생각해보자.

우리는 자전거를 타는 사람을 본다 구체적 경험 -그리고 그 사람이 어떻게 자전거를 타는지를 관찰한다 성찰적 관찰 -관찰을 통해 움직이는 원리와 균형 잡는 방법에 대해 생각해본다 추상적 가설 - 직접 자전거를 타본다 활동적 실험 .

그런데 흥미로운 점은 사람마다 어떤 경험을 먼저 해보고 싶은지 혹은 어떤 경험을 했을 때 가장 잘 배우는지가 다르다는 것이다. 어떤 사람은 작동 원리나 타는 법을 먼저 배우기를 원한다. 어떤 사람은 남들이 타는 것을 먼저 관찰하고 스스로 생각해 보기를 원한다. 어떤 사람은 먼저 자신이 직접 자전거에 앉아보고 일단 움직여 보길 원한다. 사람마다 선호하는 학습 스타일이 다르기 때문이다. 따라서 경험을 디자인할 때 가능하다면 U 이해하기 –T 생각하기 –E 경험하기 를 균형있게 활용하면 다양한 학습 스타일을 만족시킬 수 있다. 그뿐만 아니라 뇌의 다양한 부분을 활성화함으로써 깊이 있는 학습을 촉진할 수 있다. U–T–E의 순서는 순차적인 것이 아니다. 상황에 따라 T–E–U가 될 수도 있고 E–T–U가 될 수도 있다. 학습자의 수준 및 학습 효과를 고려하면서 학습자들이 어떤 경험을 먼저 하는 것이 좋을지 선택하면 된다.

경험의 영역을 구분한다

1. 티칭과 퍼실리테이션 영역을 구분하다

학습 경험을 디자인한다고 해서 처음부터 끝까지 학습자들이 계속 무언가를 하도록 해서는 안 된다. 그것은 오히려 학습자들을 인지적, 신체적으로 힘들게 하여 학습을 방해하는 결과를 초래한다. 일방적인 강의 방식에 익숙해져 있는 강의자가 러닝 퍼실리테이션 방식을 활용하고자 할 때 가장 어려운 부분이 어떤 부분을 내가 가르치고, 어떤 부분을 학습자들이 스스로 참여하도록 촉진할지 결정하는 것이다. 모든 것을 내가 가르쳐야 할 것 같은 생각에서 벗어나는 게 중요한데, 다음 그림과 같이 티칭 영역의 일부분을 촉진 영역으로 양보하는 방식으로 생각해보면 도움이 될 수 있다.

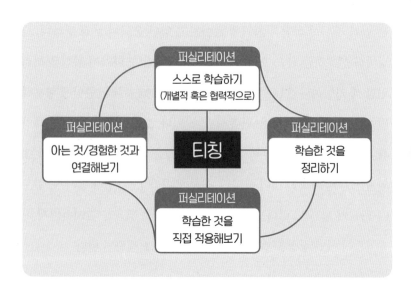

원래 내가 다 가르쳤던 부분에서 학습자들이 스스로 참여하여 경험하게 하도록 하는 것이 더 효과적일 수 있는 부분을 찾아보는 것이다. 러닝 퍼실리테이션 방식으로 강의를 진행할 때 강의자의 티칭 영역은 상대적으로 줄어들고, 퍼실리테이션 영역은 늘어난다. 물론 이는 강의의 성격에 따라 달라질 수 있다. 그런데 러닝 퍼실리테이션 방식을 활용한 강의에서의 티칭은 일반 강의에서의 티칭과 역할이 달라진다.

일방적 강의에서는 '가르치는' 역할을 주로 했다면, 러닝 퍼실리테이션을 할 때는 학습 경험을 열어주고 정리해주는 역할, 경험들을 연결해주는 역할을 해야 한다. 학습 경험을 열어주는 역할이란 학습의 맥락을 만들어주고, 배경지식을 제공해주는 역할이다. 학습 경험을 정리해주는 역할은 추가적인 설명을 해주거나, 종합 정리를 해주고 피드백을 해주는 역할이다. 경험을 연결해주는 역할은 학습 경험의 의미나 연결성을 알려주는 역할이다. 내용 전문가로서의 다른 전문성을 발휘하는 부분이다. 러닝 퍼실리테이션을 한다고 강의자로서의 전문성을 덜 쓰는 것이 아니라 오히려 반대다. 가르치는 것 외에 다른 영역에서도 전문성을 더 많이 활용해야 한다.

앞서 다양한 학습 경험의 예시를 살펴보았는데 U의 영역의 경우 티칭으로 디자인할 수도 있다. 예를 들어 '트렌드를 파악하다'의 경우 강의자가 시작 부분에서 학습 맥락을 만들어주는 목적으로 트렌드를 소개할 수 있고, '정리된 지식을 얻다'의 경우 학습자들의 활동을 정리하는 단계에서 강의자가 전체적인 내용을 종합 정리해 줄 수도 있다. 티칭 경험이 더 의미가 있을지 퍼실리테이션 경험이 더 의미가 있을지 강의자가 디자인 단계에서 고민해서 결정한다.

2. 개인 학습과 협력 학습 영역을 구분하다.

러닝 퍼실리테이션에 대한 오해 중 하나가 학습이 계속 협력적으로 이루어진다고 생각하는 것이다. 항상 팀으로 학습자들이 무언가를 함께 논의하고 결과물을 만들어가는 것으로 생각한다. 전체가 어떤 공동의 목표를 가지고 결과물을 도출해야 하는 것이 미팅 퍼실리테이션에서는 중요하다. 그러나 러닝 퍼실리테이션에서는 결과물 자체보다는 과정이 중요하며, 개인 학습과 협력 학습을 모두 촉진하는 것을 목표로 한다. 협력 학습은 종종 개인 학습을 돕는 중요한 촉진자의 역할을 해준다.

모든 경험을 협력적인 경험으로 디자인하게 되면 개인 학습자들은 자신의 학습 경험에 대해 숙고하고 정리할 기회를 얻지 못한다. 삶을 살아가면서 우리는 사람들을 만나서 이야기를 나누고 네트워킹하는 시간도 즐기지만, 혼자 조용하게 있는 시간도 즐긴다. 그 시간이 절대적으로 필요하다. 학습도 마찬가지다. 서로 생각과 경험을 나누고, 무언가를 함께 만들어나가는 협력적인 경험도 필요하지만, 자신을 성찰하고, 학습한 내용을 스스로 정리하고, 자기만의 계획을 세우는 등의 개별 학습 경험도 필요하다. 특히 U-T-E의 T의 경험들은 개별적인 학습 시간을 요구하는 경우가 많다. 앞서 설명한 학습 스타일의 경우 '성찰적 관찰'을 즐기는 학습자의 경우 개인적 시간이 충분히 주어졌을 때 더 잘 배울 수 있다. 그러므로 경험을 디자인할 때 개인 학습과 협력 학습의 영역을 적절히 배치하는 것이 필요하다.

경험의 디딤돌을 놓는다

학습의 증거를 위해 어떤 U-T-E 경험이 필요한지 생각해보고, 그것을 티칭으로 경험하도록 할지, 퍼실리테이션으로 경험하도록 할지 생각해본다. 그리고 개인적으로 경험하도록 할지, 협력적으로 경험하도록 할지 생각해보고 마지막으로 결정된 학습 경험의 순서들을 배열해본다. 경험의 순서를 배열하는 일을 '경험 디딤돌 놓기'라고 부른다.

경험 디딤돌 놓기

학습자의
현재 상태   학습 후 상태

예를 들어 그림처럼 학습자의 현재 상태^{학습 전 상태}와 미래 상태^{학습 후}
^{상태} 사이에 큰 강물이 흐르고 있다고 생각해보자. 우리의 목적은 학습
자들이 '학습의 증거'를 보여줄 수 있는 경험을 충분히 해서 그 강을 건
널 수 있도록 돕는 것이다. 이를 돕기 위해 어떤 순서로 학습 경험을 디
딤돌처럼 배열하면 좋을지를 고민한다. 경험의 중요도와 필요한 시간
을 고려하여 각 디딤돌의 크기를 결정한다.

'좋은 리더십에 대한 나만의 정의 만들기'라는 학습 증거 예시로 돌
아가 보도록 하자. 이 경우 다음과 같이 경험 디딤돌을 놓을 수 있다.

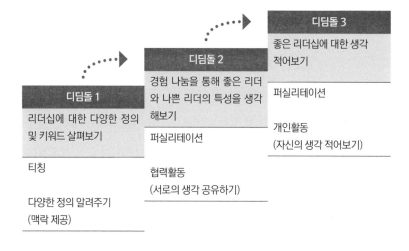

먼저 학습 맥락을 제공하기 위해 [리더십에 대한 다양한 정의 & 키워드 살펴보기]라는 디딤돌을 놓고, 다음으로 다른 학습자와 함께 하는 [좋은 리더와 나쁜 리더의 특성을 생각해보기] 디딤돌을 놓고, 마지막으로 [좋은 리더십에 대해 적어보기]를 개인적으로 해보는 디딤돌을 놓아주었다. 티칭/퍼실리테이션 경험을 구분하고, 개인 학습/협력 학습 경험도 구분해보았다.

디딤돌을 배열할 때는 학습자들이 어떤 순서로 경험했을 때 좀 더 쉽게 전진할 수 있을지 생각한다. 앞에 놓인 디딤돌을 경험했을 때 다음 디딤돌로 가는 것이 용이해야 한다. 디딤돌을 얼마나 많이 놓을 것인가, 얼마나 큰 크기의 디딤돌을 놓을 것인가는 학습자의 수준, 특성, 정해진 강의 시간 등을 고려해서 설정한다. 처음 러닝 디자인을 시도할 때 강의자들은 종종 정해진 강의 시간을 고려하지 않고 디딤돌을 너무 많이 놓는 실수를 하는데, 이를 방지하기 위해서는 필요한 핵심 디딤돌 경험이 무엇인지 고민하면 좋다.

전체적으로 OPUTEC 단계를 그리다

구체적인 학습자들의 경험을 디자인할 때 OPUTEC이라는 단계를 머릿속에 그리면 도움이 된다. OPUTEC은 경험 디자인 설계를 돕기 위해 개발한 프로세스인데, Opening 오프닝 -Preparing 준비하기 - Understanding 이해하기 -Thinking 생각하기 - Experiencing 경험하기 -

Closing 마무리하기 의 첫 글자를 따서 만든 말이다.

앞서 학습 경험을 설계할 때 U-T-E 사이클을 고려하면 좋다고 소개했는데, 그 사이클 앞뒤로 오프닝과 준비하기 그리고 마무리하기를 연결해서 전체 OPUTEC 경험의 프로세스를 완성한다.

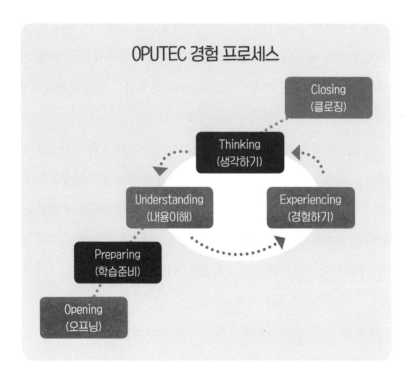

1. 학습 준비 경험을 디자인하라

필요한 학습 경험을 설정하고 경험 디딤돌을 깔아 두었다면 이제 3단계의 핵심 부분이 마무리된 셈이다. 그런데 아직 중요한 것이 남아 있다. 학습자들을 어떻게 학습 경험에 초대할지에 대해 고민하지 않았다. 강의자가 아무리 멋진 학습 경험을 디자인해 놓았다고 하더라도 학습자들 입장에서 기꺼이 그것을 경험하고 싶은 마음이 들어야 그들을 경험에 초대할 수 있다.

학습 경험이라는 바다에 빠지기 전에 준비 운동을 하는 학습 준비 단계가 필요하다. 강의 설계를 하면서 이 단계를 종종 간과한다. 이 중요한 단계를 간과하게 되면 학습자들이 동기 부여되지 않은 상태, 집중하지 못하는 상태, 소극적 상태가 되어버려 학습의 바다에 빠지기가 상당히 어려워진다.

학습 준비를 위해서는 분산된 학습자들의 주의를 학습 장면으로 집중시킬 수 있어야 하며, 배우고 싶다는 욕구를 불러일으킬 수 있어야 한다. 또한 학습이 자신과 관련성이 있고 무언가를 얻어갈 수 있을 것 같다는 기대를 갖고, 열심히 해보고 싶다는 마음을 갖도록 도와야 한다. 다음은 학습 준비를 위해 효과적인 경험의 예시다.

● 학습 목적/기대 생각해보기

어떤 학습자들은 학습에 대한 분명한 목적을 가지고 교육에 들어오지만 그렇지 않은 경우가 더 많다. 학습을 시작하기 전에 '내가 여기 왜 왔지?' '무엇을 얻어가고 싶지?'에 대해 생각할 수 있도록 하는 경험을 제공해보자. 개인적인 학습 목적이나 기대를 생각하고, 다른 학습자들과 그것을 나누는 활동은 학습 준비에 유용하다.

● 사전 지식/경험 가져오기

학습자들은 교육이 자신의 삶과 관련이 있다고 생각할 때 비로소 관심을 가진다. 그런 의미에서 학습자의 관련 경험이나 지식을 끌어오고 그것을 현재의 학습과 연결해 보게 하는 것은 학습 준비를 시키는 데 도움이 된다. 교육의 주제와 관련해서 알고 있는 것, 경험했던 것 등을 꺼내 놓는 경험을 디자인해보자.

● 진단하기

학습 동기를 가장 쉽고 빠르게 높일 방법은 자신의 상태를 스스로 파악하도록 하는 것이다. 사람들은 보통 부족한 부분을 채우거나, 어떤 어려움을 해결하고 싶어 배움을 찾는다. 자신의 상태를 진단해보는 경험은 배움을 통해 상태를 개선해보고 싶다는 욕구를 높인다.

● 전체 여정/ 학습 후 기대되는 결과 보여주기

어딘가를 여행할 때 지도를 보면, 즉 전체의 여정을 알게 되면 더 흥분되고 그 여정이 기대된다. 학습도 마찬가지다. 내가 어떤 여정을 통해 어디에 다다르게 될지 알면 훨씬 더 동기 부여가 될 수 있다. 따라서 학습을 시작하기 전에 전체 학습 여정을 소개하고, 학습이 끝난 후 변화된 학습자들의 모습을 미리 소개해주면 학습 준비에 효과적이다.

2. 오프닝과 클로징 경험을 디자인하라

학습자들을 어떻게 준비시킬 것인가에 대한 고민까지 마쳤다면 이제 마지막으로 학습 경험의 시작과 끝을 디자인할 시간이다. 모든 일에는 시작과 끝맺음이 있어야 하는데, 교육도 마찬가지다. 교육의 시작은 '오프닝'이다. 오프닝은 우리가 생각하는 것보다 힘이 세다. 오프닝을 얼마나 효과적으로 하느냐에 따라 학습자의 에너지 정도, 학습의 분위기, 친밀도 등이 크게 달라지기 때문이다. 강의식 교육에서보다 러닝 퍼실리테이션을 활용한 교육에서 오프닝의 중요성은 더 커진다. 학습자가 주인공이 되어야 하므로 그들이 마음을 열고, 편안함을 느끼고, 참여하고 싶은 마음을 갖도록 하는 것이 더욱더 필요하다. 오프닝도 우리가 디자인하는 학습 경험의 중요한 일부분이라는 사실을 기억하자.

오프닝의 목적	
에너지 높이기	라포 형성
어떻게 하면 학습자들의 에너지를 높일 수 있을까?	어떻게 하면 친밀감과 편안한 분위기를 만들 수 있을까?

오프닝을 고민할 때도 어떤 방법으로 할 것인가에 앞서 어떤 목적으로 오프닝을 하려고 하는가를 먼저 생각해야 한다. 방법이 목적을 앞서게 되면 '의미 없는' 오프닝이 되기 때문이다. 오프닝을 디자인할 때 크게 두 가지 목적을 염두에 두면 좋다. 첫 번째 목적은 에너지 높이기

다. 학습 여정을 떠나기 전에 학습자들의 에너지 연료를 채워준다고 생각해보자. 교육장에 들어올 때 학습자는 모두 다른 에너지 상태로 들어오는데, 이들의 에너지 상태를 어떻게 좀 더 긍정적으로 좀 더 활기 넘치게 만들어줄 수 있을지를 생각해 본다. 두 번째 목적은 라포 형성이다. 어떻게 하면 학습 여정을 함께 떠날 다른 학습자들과 친밀감을 형성하고, 교육장 안에서 편안하게 자신의 이야기를 나눌 수 있는 허용적인 분위기를 만들 수 있을지를 고민하며 오프닝을 계획한다.

그런데 에너지를 높이고 라포를 형성한다는 목적으로 문을 여는 단계인 오프닝에서 학습자들에게 심리적으로나 신체적으로 부담을 주어서는 안 된다. 종종 교육을 받으러 갔을 때 오프닝을 한다고 학습자 간 많은 신체 접촉을 해야 하는 활동을 시키거나, 아직 어색한 관계에서 너무 개인적인 이야기를 나누도록 하는 경우가 있는데 이런 경험은 오히려 학습자의 마음의 문을 닫게 할 수 있다.

교육의 첫 문을 여는 단계이기 때문에 오프닝을 가장 먼저 설계하는 경우가 있는데 역설적이게도 오프닝 계획은 학습 경험 디자인 단계에서 가장 마지막에 하는 것이 좋다. 전체적인 학습 경험의 큰 그림을 완성한 후 오프닝을 생각해야 전체 컨셉과 어울리는 오프닝을 디자인할 수 있다. 앞서 강조했듯이 오프닝도 학습 경험의 중요한 일부분인데 이를 따로 고려하면 따로 노는, 혹은 재미 위주의 활동이 되어 버리기 쉽다.

클로징은 일반적으로 강의자가 비중을 많이 두지 않는 학습 경험이다. 교육의 마지막 부분은 종종 시간에 쫓겨서 급하게 마무리되곤 한다. 그런데 클로징은 학습 과정에서 다 펼쳐 두었던 것들을 매듭 짓는 중요한 단계이다. 효과적으로 클로징을 하면 학습 경험이 학습자들에게 의미 있게 정리가 되고, 학습 내용이 오래 기억이 될 수 있다.

클로징은 크게 세 가지 목적을 가지고 설계하면 좋다. 첫 번째는 학습 과정에 대한 학습자들의 성찰을 촉진하는 목적이다. 학습자들이 무엇을 느끼고 경험했는지에 대해서 정리해보도록 하여 학습자 스스로 의미를 만들어나가도록 한다. 학습자들의 성찰에는 교육에 대한 그들의 피드백도 포함이 된다. 또 다른 목적은 학습에 대한 정리를 촉진하는 것이다. 밥 파이크 Bob Pike의 〈창의적 교수법〉에서는 강의자가 하는 정리는 Review로, 학습자 스스로 하는 정리는 Revisit으로 구분하는데, 러닝 퍼실리테이션에서 지향하는 클로징은 Revisit에 해당한다. 어떻게 하면 학습자들 스스로 학습 내용을 정리해보도록 도울 수 있을지에 대해 생각해 본다. 마지막 목적은 축하이다. 학습 여정을 잘 마무리한 자신을 그리고 함께 한 학습 동료를 축하하고 일종의 마침 예식을 하는 것이다. 어떤 방법으로 학습 과정을 마친 것을 축하하는 경험을 제공할지 생각해 본다.

클로징의 목적		
성찰 및 피드백	정리	축하
어떻게 학습 과정에 대해 성찰하고 피드백하도록 할까?	어떻게 학습자 스스로 학습에 대해 정리해보도록 할까?	어떻게 학습의 마침을 축하하도록 할까?

경험 학습 이론과 러닝 퍼실리테이션

"왜 가르치지 말고 경험하게 해야 할까요?"

러닝 퍼실리테이션 연수에서 교사들과 이 질문에 함께 머물러 보았는데 그때 교사들이 적어주었던 답변을 정리해 보았다. 경험하게 하는 목적을 이유 측면에서 답한 분도 있었고, 경험으로 얻게 되는 효과나 가치의 측면에서 답한 분도 있었다.

경험하게 하는 가장 중요한 목적은 결국 학습 효과를 높이기 위해서이다. 학습자들이 자발적으로 즐겁게 학습에 참여하고, 이해를 돕고, 배운 것을 자신의 것으로 내재화하도록 돕는 것이 바로 학습 경험이다. 학습 경험이 주는 효과나 가치는 여러 가지가 있지만 가장 중요한 가치는 배움을 통한 삶의 변화일 것이다.

목적	효과와 가치
· 이해를 돕기 위해서 · 자발적으로 참여하게 되니까 · 더불어 즐겁게 배우게 하려고 · 스스로 사고하고 발견하도록 · 남의 것이 아닌 내 것으로 만들기 위해 · 실생활에 활용하도록 · 내재화 & 전이를 위해 **'학습 효과를 높이기 위해서'**	· 오래 남으니까 · 가슴으로 느끼니까 · 자기 것이 되는 기쁨을 느끼도록 · 머리로만 아는 게 아니라 실천할 수 있어지니까 · 역량 습득이 쉬우니까 · 함께 하는 사람으로 성장시키기 위해 **'앎이 삶이 되면서 삶의 질이 높아지니까'**

'Learning by Doing' 즉 경험을 통해 배운다는 것을 강조하는 것이 경험 학습 이론 Experiential Learning Theory, ELT 이다. 경험 학습 이론의 대표적 학자인 콜브 Kolb 는 학습을 다음과 같이 정의한다.

> **학습은 경험의 변화를 거쳐 지식이 창조되는 과정이다.**
>
> Learning is the process whereby knowledge is created
> through the transformation of experience.

콜브는 학습자가 경험을 받아들이고 변화시키는 과정과 성향을 설명하기 위해 학습 사이클 Learning Cycle 과 학습 스타일 Learning Style 이라는 개념을 소개하였다. 최근 연구에서는 학습 사이클 및 학습 스타일을 교수자의 역할과 연결하여 제시하였는데 다음 그림을 통해 함께 살펴보자.

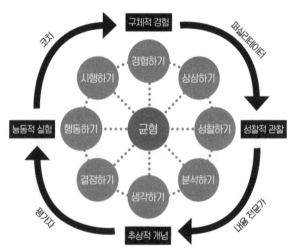

그림 출처: Experiential Learning Theory as a Guild for Experiential Educators in Higher Education (2017)

학습 사이클과 스타일을 4장에서 간단히 소개했는데, 콜브는 학습자마다 쉽게 학습 장면으로 들어가는 지점이 있다고 보았다. 그림에서 보는 것처럼, 어떤 학습자는 '상상하기' 경험을 통해서, 어떤 학습자는 '분석하기' 경험을 통해서 더 흥미를 느끼면서 혹은 더 쉽게 학습에 빠져든다. 이것이 학습 성향 혹은 스타일이다.

콜브는 학습 사이클의 변화에 따라 필요한 교수자의 역할도 달라질 필요가 있다고 보았는데, 구체적 경험과 성찰적 관찰 사이의 영역에서는 직접 경험하고, 상상하고, 성찰하는 경험을 촉진하기 위해 교수자가 특히 퍼실리테이터의 역할을 취하는 것이 효과적이라고 보았다. 그러나 콜브는 효과적인 교수–학습을 위해 학습자와 교수자 모두 필요에 따라 모드 mode 를 전환할 수 있는 탄력성 flexibility 을 기르는 것이 무엇보다 중요하다고 강조한다. 콜브가 제시한 이 모델은 학습 경험을 디자인할 때 어떻게 다양한 경험을 펼쳐놓아야 하며, 각 경험을 촉진하기 위해 강의자가 어떤 역할로 전환하면 좋을지에 대한 유용한 가이드가 될 수 있다.

2단계에서 설정했던 학습 증거에 맞는 학습 경험을 설계해보자.

학습 증거 1	학습 증거 2

학습 경험 1	학습 경험 2
구체적으로 어떤 경험이 필요한가?	구체적으로 어떤 경험이 필요한가?
다음과 같이 경험을 구분해보라. · U / T / E · 티칭 / 퍼실리테이션 · 개인 학습 / 협력 학습	다음과 같이 경험을 구분해보라. · U / T / E · 티칭 / 퍼실리테이션 · 개인 학습 / 협력 학습

경험 디딤돌과 준비 경험/오프닝/클로징을 전체적으로 고려하여 OPUTEC 단계를 완성해보자.

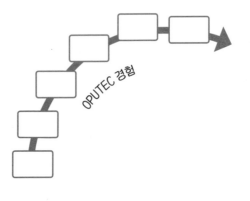

학습 경험을 설계해보니…

● 이전에 강의계획서 중심으로 수업을 진행할 때는 내가 중심이다 보니 가끔 학생들이 고립되는 경우가 있었다. 그런데 학습자의 경험을 설계하니 학생들이 멍~~하니 앉아 있는 교실이 아니고 학습자들이 활기차고 즐겁게 배우는 모습을 관찰하게 된다. 학습자들이 서로 경험을 나누고 배운 지식을 확장하는 과정에서 배움의 기쁨과 즐거움을 맛보게 된다. 학생들이 활발하고 생기가 넘치고, 질문이 많아지는 수업이 된다. 무엇보다 중요한 것은 학생들이 배운 후 배운 것을 실천할 수 있어 좋아한다는 점이다.

정해수 – 숭실대학교/교수

● 러닝 맵을 처음 접하게 되었을 때, 망치로 머리를 얻어맞은 듯한 충격이 있었습니다. 학습자 중심의 강의를 위해 노력해왔었는데, 그 노력이 과연 옳은 방향이었는지 다시 생각해보게 되었습니다. 학습 증거에 대해 어떤 경험의 디딤돌을 학습자에게 놓아줄 것인가를 고민하는 것이 저에게 큰 학습이 됩니다. 학습자들에게 정말 필요한 것은 무엇일까를 그들의 관점에서 다각도로 고민해보는 연습과 여러 번 시행착오를 거치며 저의 관점 변화가 이루어졌습니다. 러닝 맵을 배운 것은 저에게 평생 누려볼 수 없는 귀한 경험이며, 강의에 대한 학습자 만족으로도 이어지기에 제 강의 자신감도 상승하는데 큰 도움이 되었습니다.

이세영 – 프리랜서 강사

- 저는 '경험 디딤돌'을 생각해 보는 게 가장 도움이 되었습니다. 강의를 짜다 보면 열정이 넘쳐 시간 내에 다 진행하기가 힘들게 욕심을 내게 되는 경우가 많았습니다. 그럴 때 '경험 디딤돌'을 놓으면서 학습자의 입장에서 다시 한번 정리하면 계획을 다듬을 수 있어서 좋았습니다.

강민주 - 에르디아/퍼실리테이터

4단계 Tools: 도구 선택

학습 경험을 어떻게 디자인할지에 대한 고민이 끝났다면 이제 그 경험을 어떤 도구를 활용하여 촉진할지 결정할 시간이다. 여기에서 도구는 학습 방법이나 기법을 의미한다. 말 그대로 '도구'이기 때문에 도구에 대한 고민은 러닝 디자인 단계에서 가장 마지막에 하는 것이 마땅하다. 그런데 도구에 관한 결정을 학습 경험 디자인보다 앞서 하는 경우가 있다. Why보다 What이 앞서는 경우다. 왜 그 방법이나 기법을 써야 하는지에 대한 이유가 명확하지 않은 상태로 이런저런 도구들을 사용해 보려고 계획하는 것이다. 실제로 강의자들과 함께 설계 실습을 해보면 강의에 대한 전체 그림이 잡히지도 않는 상황에서 방법을 먼저 설정하는 경우가 종종 있다.

에릭 칼Eric Carl 이란 작가가 쓴 〈뒤죽박죽 카멜레온〉이란 동화를 보면, 다른 동물들이 가진 신체적 특성들을 부러워하며 자신의 몸에 그 특성들을 계속 붙여 나가는 카멜레온이 등장한다. 그런데 멋져 보이는 다른 동물들의 특성들을 다 섞어 놓고 보니 이도 저도 아닌 뒤죽박죽이 되어버린다. 그래서 바로 자기 눈앞에 있는 파리도 못 잡아먹는 신세가 된다. 아무리 개별적으로 좋은 도구라도 목적에 맞지 않게, 너무 과하게 뒤죽박죽 사용되면 한가지의 효과도 제대로 낼 수 없게 되어버린다는 사실을 기억하자.

경험을 돕는 도구인가?

학습 목표, 학습 증거, 학습 경험은 각각이 따로 존재하는 것이 아니라 긴밀하게 연결되어 있다. 도구를 활용하는 궁극적인 목표는 학습자들이 학습 목표를 달성하도록 돕는 것이며, 좀 더 직접적으로는 3단계에서 설정한 학습 경험을 촉진하고자 하는 것이다. 그러므로 도구를 결정할 때 가장 중요한 기준은 '이 도구의 활용이 설정한 학습 경험을 촉진하는가'이다. 도구를 선택하면서 목적을 생각하지 않게 되면 학습자들의 학습 경험을 돕기보다는 학습자들을 괴롭히는 걸림돌이 되어 버린다.

'좋은 리더와 나쁜 리더의 특징에 대하여 함께 생각을 나누기'라는 경험의 예시로 돌아가보자. 당신이라면 어떤 방법으로 혹은 어떤 기법을 활용하여 학습자들이 이 경험을 잘 할 수 있도록 돕겠는가? 다음의 예시 중에서 골라보자.

[선택 1]

강의장 한 켠에는 '좋은 리더란?' 이란 제목이 적힌 전지를 다른 한 켠에는 '나쁜 리더란?' 제목이 적힌 전지를 붙여 놓는다. 학습자들이 돌아다니면서 리더십 정의에서 살펴보았던 특성을 최대한 많이 포스트잇에 적어 붙여보게 한다. 적혀진 내용을 나중에 강의자가 리뷰해준다.

[선택 2]

자신이 그동안 만나보았던 좋은 리더/나쁜 리더에 대해 팀 안에서 돌아가면서 이야기를 한다. 한 사람이 사례를 이야기 하면 다른 참여자들은 사례를 듣고 대표적인 특징을 포스트잇에 적는다. 모든 참여자가 이야기를 마치고 나면 포스트잇에 적힌 내용들을 함께 리뷰하면서 좋은 리더/나쁜 리더의 특징을 정리해본다.

[선택 3]

'좋은 리더' '나쁜 리더' 라는 주제를 팀에게 랜덤으로 나누어 주면, 각 팀은 랜덤으로 받은 주제에 대해서 마인드맵을 그려본다. 팀별로 그린 마인드맵을 강의장 벽면에 붙여 놓고 학습자들이 돌아다니면서 완성된 마인드맵을 관람한다.

위의 세 가지 방법은 비슷해 보이지만 다른 방식으로 학습자들의 생각을 꺼내 놓고 나누게 한다. 그렇다면 '좋은 리더와 나쁜 리더의 특징

에 대하여 함께 생각을 나누기'라는 경험을 가장 잘 촉진할 수 있는 방법은 무엇일까?

'좋은 리더와 나쁜 리더의 특징에 대하여 함께 생각을 나누기'라는 원래의 목적으로 돌아가서 다음을 생각해보자.

학습자들이 그 특징을 정확하게 하는 것이 중요한가? 정확성

많은 특성을 아는 것이 중요한가? 양

특성들을 정리하는 게 중요한가? 정리

경험을 통해 생각을 꺼내 내는 것이 중요한가? 성찰

생각이나 경험을 나누는 것이 중요한가? 공유

이렇게 경험의 목적을 물으면 답은 명확하다. 우리는 학습자들이 자신의 경험을 통해 좋은 리더와 나쁜 리더의 특성을 생각해 보길 원한다. 그리고 생각을 나누는 경험을 하길 원한다. 그렇다면 3가지 아이디어 중에서 [선택 2]가 가장 적절해 보인다. 예시를 통해 살펴보았듯 도구 선택의 가장 중요한 기준은 '학습 경험을 촉진하기에 효과적인가'이다.

Make-Up보다 Make-Over를 추구하라

많은 강의자가 다양한 도구를 알고 활용하는 것에 끌린다. 도구는 분명 강의를 도와줄 수 있는 훌륭한 무기이다. 그래서 가능한 많은 도구를 수집하려고 하고, 새로운 도구를 알게 되면 그것을 바로 강의에 적용해보려고 한다. 러닝 퍼실리테이션 교육을 받으러 오는 강의자 중에서도 다른 무엇보다 '퍼실리테이션 기법'을 좀 더 많이 알고 싶어 하는 분들이 많다. 그 분들에게 퍼실리테이션 기법을 소개하기 전에 '왜 도구를 활용하려고 하는가?'에 대해 먼저 묻곤 한다.

> '나는 나를 위해 기법을 사용하려고 하는가 아니면
> 학습자들을 위해 기법을 활용하려고 하는가?'

위의 질문에 학습자들을 위한 것이라고 답하는 것이 너무 당연해 보이지만 실제로는 그렇지 않은 경우가 많다. 도구를 활용하는 Make-Up의 목적과 Make-Over의 목적을 구분해서 살펴보자.

화장하는 'Make-Up'의 목적으로 도구를 활용하는 강의자는 자신의 강의에 '화려함'을 더하고 싶어 한다. 내 강의를 좀 더 근사하게 꾸미기 위해, 트렌디 trendy 한 강사로 보이고 싶어 이런저런 기법을 활용한다. 최근 알게 된 기법 중에서 새로운 것, 재미있는 것을 자꾸 활용해

도구 활용의 목적	
Make -Up 목적	Make-Over의 목적
화려함을 추구	변모를 추구
강의자/강의 돋보이기	학습자 돕기
다양한 것 추구	적절한 것 추구
방법 고민	목적 고민

보려고 한다.

'지난번에 어떤 강의에서 이런 기법을 알게 되었는데 나도 이번에 강의할 때 이 방법을 써 봐야지!'

이런 생각을 하다보니 목적보다 방법이 우선하게 된다.

'Make-Over'의 목적으로 도구를 활용하는 강의자는 '변모'를 추구한다. 내가 가르치지 않고 학습자들이 더 잘 배울 수 있게 하기 위해 학습자들의 학습 경험을 촉진하기 위해 도구를 활용한다. 도구를 선택할 때 재미보다 의미를 생각하고, 화려함보다는 효율을 생각한다. 나에게 좋은 도구보다는 학습자에게 도움이 되는 도구를 고민한다. 도구 선택에서 항상 가장 먼저 고려될 사항은 '학습자'라는 사실을 잊지 말자.

기법으로 망하는 방법

　기법을 선택하는 일은 경험을 디자인하는 일만큼 많은 고민이 필요하다. 우리는 종종 기법을 사용하면 강의가 더 좋아질 것이라고 가정하는데 기법 활용이 강의를 망하게 하는 경우도 종종 발생한다. 그래서 나는 퍼실리테이션 기법을 알려주기 전에 '기법으로 망하는 방법'에 대해 역으로 생각해보게 하기도 한다. 기법을 잘못 사용하면 망할 수 있음을 인식시켜 주기 위함이다. 망하는 방법을 알게 되면 설계과정에서 망하지 않는 방법에 대해 고민할 수 있게 된다.

　기법으로 망하는 방법, 어떤 것이 있을까? 강의자에게 기법으로 망한 경험을 물어보았을 때 이런 답변들이 많이 나왔다.

> 학습자들이 방법을 제대로 이해를 못 했다.
> 내가 방법에 대해 숙지가 안 되어 있어 제대로 설명을 못 했다.
> 학습자들이 너무 어려워했다.
> 학습자들이 지쳐버렸다.
> 생각했던 것보다 시간이 2배 넘게 걸렸다
> 생각보다 너무 빨리 끝나버렸다.

　위의 내용을 종합하면 기법으로 망하는 방법은 크게 3가지이다.

1. 방법에 대한 이해가 부족하다. 강의자/학습자 모두에 해당

2. 인지적 부담을 고려하지 않는다.

3. 시간을 제대로 고려하지 않는다.

첫 번째 문제를 먼저 살펴보자. 강의자가 방법을 설명했지만 학습자들이 이해하지 못하고, 강의자도 방법을 제대로 설명해주기가 어려운 경우이다. 이런 문제는 흔히 강의자가 본인에게 익숙하지 않은 도구를 활용했을 때 생긴다. 한 번도 직접 사용해보지 않았기 때문에 제대로 설명을 할 수 없고, 어떻게 설명해야 학습자들이 쉽게 이해할 수 있을지도 모른다. 도구는 자신의 손에 익어야 쉽고 효과적으로 사용할 수 있다. 그런 의미에서 본인에게 익숙한 도구를 선택하는 것이 필요하고, 익숙하지 않은 경우에는 몇 번의 연습을 해본 후에 활용하는 것이 좋다.

이와 반대의 경우에도 문제는 발생한다. 강의자에게 너무 익숙한 도구를 활용하게 되면 그게 본인에게 너무 익숙하다 보니 학습자들에게 얼마나 인지적으로 부담을 줄지에 대해 생각하지 못하게 된다. 예를 들어, 창의적 생각을 하도록 하는 도구의 경우, 학습자에 따라서 짧은 시간 내에 창의적 생각을 만드는 것을 상당히 어렵게 느끼기도 한다. 이런 경우에는 창의적 생각을 잘 끌어낼 수 있도록 돕는 '도움닫기' 활동을 사전에 배치하거나, 활동 시간을 충분하게 제공하는 등의 세심한 배려를 해야 한다.

기법으로 망하는 것을 예방하기 위해 나는 항상 사전에 학습자 입장에서 시뮬레이션을 해본다. 학습자들이 활동하는 모습을 동영상으로 찍는다고 생각하고 처음부터 끝까지 머릿속으로 한번 그려보는 것이다. 이 활동을 하면서 학습자가 어떤 고민을 할지, 어떤 행동을 할지, 학습자들끼리 어떤 대화를 나눌지 등을 활동 순서대로 머릿속으로 그려본다. '역지사지'의 마음으로 이렇게 사전에 시뮬레이션해 보는 것은 학습자들의 인지적 부담을 생각해볼 수 있는 효과적인 방법이다.

도구 선택 시 반드시 시간을 고려해야 한다. 시간을 고려하지 않게 되면 도구를 활용하여 학습 경험을 촉진하겠다는 계획은 그냥 계획으로 끝나버리게 된다. 퍼실리테이션 기법을 배워서 처음 적용해보는 강의자들이 경험하는 어려움 중 하나가 활동 시간을 정확하게 예측하지 못하는 것이다. 15분 정도 예상했던 활동이 40분을 훌쩍 넘겨버리는 경우도 생기고, 30분으로 예상했던 활동이 10분 안에 끝나버리는 경우도 생긴다.

퍼실리테이션에 경험이 쌓이면 '이 활동은 대략 이 정도 시간이 걸리겠다'는 예측이 쉬워지고, 설사 시간 예측이 잘 맞지 않는 상황이 생기더라도 융통성 있게 활동의 범위나 방향을 조절할 수 있게 된다. 그러나 아직 퍼실리테이션이 익숙하지 않은 경우라면 기법을 선택할 때 그 기법을 활용하여 학습자들이 하게 될 활동을 세분화해서 시간을 계산해보고, 시간에 맞추어 적절한 기법을 선택하는 것이 좋다.

[참고]
이 책은 러닝 퍼실리테이션을 위한 경험 디자인에 초점을 두고 있어서, 다양한 퍼실리테이션 기법을 직접 소개하지 않았다. 목적에 맞는 러닝 퍼실리테이션 기법을 익히고 싶다면 [스파크 러닝 기법 카드]를 참고하길 바란다. [스파크 러닝 기법 카드]는 러닝 퍼실리테이션을 활용한 교육에서 활용할 수 있는 66가지 기법을 앞서 소개한 OPUTEC 단계별로 소개하고 있다.

EXPERIENCE
DESIGN LEARNING
FACILITATION

가르치지 말고 경험하게 하라

OPUTEC 기법 예시

OPUTEC 단계별로 유용한 기법을 한가지씩만 소개한다.

1. Opening 오프닝

■ 기법: 그룹 이력서

목적: 팀원들에 대해 알아가며 친해지고, 팀원들의 자원 지식, 경험, 역량, 관심사 등을 파악해보도록 한다.

설명: 팀원들의 역량을 정리한 그룹의 이력서를 함께 작성해본다.

방법

1 팀원들의 자원을 파악해서 우리 팀의 강점을 보여줄 수 있는 '그룹 이력서'를 작성하는 활동임을 안내한다.

2 다음과 같은 내용에 대해 서로 소개를 하는 시간을 갖도록 한다.

 – 하고 있는 일, 잘하는 일, 관심 있는 일

 – 학습 주제와 관련된 사전 지식 & 경험

 – 취미, 재능, 가치

3 서로의 공통점은 팀의 '핵심 역량'으로, 서로의 차이점은 '시너지 역량'으로 정리해 보도록 한다. 우리 팀이 특별히 잘할 수 있는 일, 자랑하고 싶은 점, 우리가 강력한 팀일 수밖에 없는 이유 등을 추가로 정리해보도록 할 수 있다.

4 팀별로 정리된 이력서를 전체적으로 공유하는 시간을 갖는다.

[그룹 이력서 작성 예시]

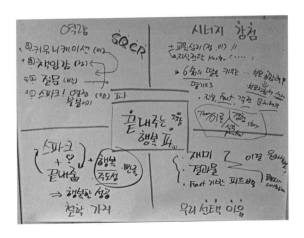

2. Preparing 준비하기

■ 기법: 내가 만드는 학습 목표

목적: 학습 시작 전에 학습자 스스로 학습의 목표에 대해 생각해보도록 한다.

설명: 자신의 학습 후의 변화, 성장을 생각하면서 학습자 스스로 학습 목표를 설정해본다.

방법

1 전체적인 학습 여정을 안내한 후에, 학습자들에게 학습 후에 어떤 모습이 된다면 학습 과정에 대해 스스로 만족스러울지 생각해보도록 한다.

2 그 만족스러운 모습을 목표로 정리해보도록 한다.

3 개인적으로 작성한 목표를 팀 안에서 나누도록 한다.

4 팀에서 함께 이야기를 나누면서 가장 중요하다고 생각하는 목표를 3~5개 정도 정리해보도록 하고, 전체적으로 공유하는 시간을 갖는다.

[학습 목표 작성 예시]

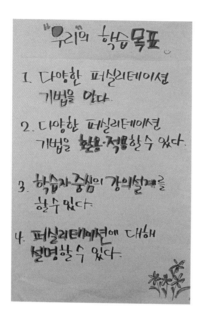

3. Understanding 이해하기

■ **기법: 빈칸 개념 정리**

목적: 학습자들이 빈칸에 답을 해가면서 개념에 대해 스스로 이해하도록 돕는다.

설명: 어떤 추상적인 개념을 이해하도록 돕기 위해 구체적인 내용에 대한 빈칸을 채워나가도록 한다.

방법

1 그림 예시처럼 학습자들에게 낯선 개념 혹은 추상적인 개념을 쉽게 이해하도록 돕는 문장을 만든다.

2 그 문장의 핵심적인 내용을 빈칸으로 두고, 학습자들이 빈칸을 채워보도록 한다. 예를 들어, 경험 디자인이 무엇인지에 대해 알려주기 전에 학습자들이 경험 디자인에 대해 어떻게 생각하는지 다음과 같이 빈칸이 들어간 문장을 주고 빈칸을 채워보도록 한다.

경험 디자인은 _____와 비슷하고 _____와는 다른 것이다.
경험 디자인은 구체적으로 _____을 하는 것이고 _____을 하지 않는 것이다. 경험 디자인은 _____을 위해서 하는 것이다.

3 팀에서 개인적으로 빈칸에 들어갈 말을 포스트잇에 적어보도록 한 후에 팀 안에서 함께 포스트잇에 적힌 내용을 살펴보도록 한다. 이때 다른 팀원이 적은 답에 대해 궁금한 점이 있으면 서로 물어보도록 한다.

4 팀원들의 의견을 종합하여 개념에 대해 정리하도록 한다.

[빈칸 개념 정리 예시]

4. Thinking 생각하기

■ 기법: 나눔 노트

목적: 학습자들이 자기 생각을 빠르게 꺼내고 함께 나눌 수 있도록 한다.

설명: 종이 한 장에 팀원들이 각자 공간을 정해서 자기 생각을 정리해본다.

방법

1 팀별로 A4 종이 한 장을 제공한다.

2 A4 종이를 팀 인원수만큼의 공간으로 구분하고 예를 들어, 4명의 경우 가로로 한 번, 세로로 한번 접어서 사분면을 만들어 사용 가능 개별 노트 공간을 정한다.

3 일정 시간을 주고 개별적으로 자신의 노트 공간에 자기 생각을 적어보도록 한 다. 학습 전이라면 주제와 관련해서 알고 있는 것을 적어보도록 할 수도 있고, 학습 후라 면 학습 내용 중에서 기억하는 것을 적어보도록 할 수도 있다.

4 작성이 끝나면 나눔 노트의 방향을 돌려가면서 다른 팀원들이 적은 내용을 읽 어보도록 한다. 이때 다른 팀원이 적은 내용에 피드백을 주도록 할 수도 있다.

5 다 읽고 나면 다시 자신의 노트로 돌아와 다른 팀원들이 작성 한 내용을 읽으며 생각난 내용을 추가해 보도록 한다.

[나눔 노트 예시]

5. Experiencing 경험하기

■ 기법: 나만의 재구성

목적: 학습한 내용을 자신의 필요에 맞게 재구성할 수 있도록 한다.

설명: 학습자가 활용하고 싶은 학습 내용이나 기술을 자신의 필요나 상황에 맞게 재구성할 수 있도록 한다.

방법

1 학습한 내용이나 기술 중에서 직접 활용해보고 싶은 것을 선택해보도록 한다.

2 다음 질문에 답을 해보면서 선택한 내용을 자신의 필요나 상황에 맞게 활용하기 위해 어떤 것을 그대로 적용하고, 어떤 것을 달리 적용할지 생각해보도록 한다.

3 구체적으로 재구성해 보는 시간을 갖도록 한다.

Same: 무엇을 그대로 적용해 보시겠습니까?

Different: 무엇을 달리 적용해 보시겠습니까?

예, 순서/ 절차/ 규칙/ 적용 상황/ 대상/ 주제/ 목적 등

4 다르게 적용하고자 하는 부분에 대해 구체적인 재구성 계획을 세워보도록 하고, 다른 학습자들과 아이디어를 나누도록 한다.

[나만의 재구성 예시]

6. Closing 마무리하기

■ 기법: 윈도우 패닝 Window Panning

목적: 학습이 끝난 후 학습자가 스스로 학습에 대해 정리해볼 수 있도록 한다.

설명: 그림과 키워드를 활용해서 학습자가 학습에 대한 리뷰 review 를 적어보도록 한다.

방법

1 개별 학습자에게 A4 종이를 주고 그림과 같이 6칸으로 나누도록 한다. 칸의 수는 상황에 맞게 조정이 가능하다.

2 전체적인 학습 과정을 떠올려보면서 가장 기억에 남는 내용, 가장 자신에게 의미 있었던 경험, 꼭 기억하고 싶은 것, 추가 질문 등을 그림이나 키워드를 활용해서 각 칸에 적어보도록 한다.

3 팀원들과 작성한 윈도우 패닝 리뷰를 공유하고 소감을 나누도록 한다.

[윈도우 패닝 예시]

3단계에서 디자인한 경험을 어떻게 촉진할 수 있을지 방법을 생각해보자.

학습 경험	방법/기법
1.	방법: 기법:
2.	방법: 기법:
3.	방법: 기법:

5단계 Handy Map:
전체 지도 완성

지금까지 1-4단계까지의 설계 여정을 함께 해왔는데 그 여정을 그림으로 정리해보면 다음과 같다. 1단계에서 학습자의 현재 상태, 학습 후의 상태, 그 사이의 간극을 생각해보면서 원하는 학습 결과를 설정해본다. 2단계에서 그 결과를 달성했다는 것을 보여주는 학습 증거를 설정하고, 3단계에서 그 증거에 맞는 학습 경험을 생각해보고 디딤돌 경험의 순서를 정해본다. 그리고 4단계에서는 각 경험을 촉진할 수 있는 도구를 선택한다. 러닝 디자인의 마지막 단계는 1-4단계의 내용을 한 장의 지도 형태로 최종적으로 완성해보는 것이다. 러닝 맵 완성이 최종 단계이지만, 실제 설계를 할 때는 최종 러닝 맵을 머리속으로 그리면서 1-4단계를 진행하는 것이 효과적이다.

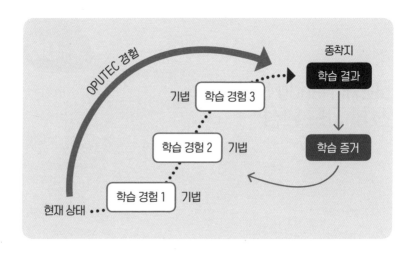

한 장으로 그리는 러닝 맵

〈스파크 러닝 퍼실리테이션〉 과정에서는 러닝 맵 설계도에 각 단계의 내용을 포스트잇에 적어 붙여가면서 설계를 완성해가는 실습을 한다. 러닝 맵은 강의안 혹은 강의 계획서와는 다르다. 강의 계획서는 어떤 내용을 어떤 순서로 가르칠지를 정리한 강의자 편의를 위한 티칭 맵이다. 그러나 러닝 맵은 말 그대로 학습자들의 러닝 과정을 설계한 지도이다.

이 책을 읽는 독자들도 강의를 설계할 때 큰 도화지 한 장을 앞에 놓고, 1-4단계 별로 순서대로 내용을 포스트잇에 붙여가면서 설계를 해보길 추천한다. 이렇게 한 장으로 정리를 해보는 것은 다음과 같은 세 가지 측면에서 유용하다.

1. 큰 그림을 보다

이렇게 전체의 내용을 한 장의 설계도에 정리하면 교육의 전체 큰 그림이 그려진다. 가야 할 목표 지점과 전체 방향이 분명해지면서 마치 손에 여행자용 지도를 쥔 것처럼 든든한 마음과 설레는 마음이 든다.

2. 정렬하다

교육에 대한 큰 그림이 그려질 뿐만 아니라, 전체 안에서 각 구성 요소들이 유기적으로 잘 정렬되어 있는지를 확인하기가 쉬워진다. 거꾸로 디자인하는 이유가 바로 이 정렬을 극대화하기 위함이다.

3. 조율하다

또한 전체적인 그림 속에서 세부적인 내용을 조율하는 것이 쉬워진다. 전체적인 학습의 여정이 학습자들에게 편리한지, 각 학습 경험에 배치한 시간은 적절한지 등을 점검하면서 좀 더 현실적으로 설계도를 수정할 수 있다.

러닝 맵 작성 방법 정리

독자들을 위해 앞서 설명한 1-5단계의 핵심 내용을 정리하면 다음과 같다.

1단계: 원하는 학습 결과 설정

• 현재 상태에서 학습자가 어떤 어려움/요구가 있는지 분석해본다.

• 그런 학습자가 나의 강의를 통해 어떤 학습 결과를 얻기를 원할지 생각해본다.

• 현재 상태와 바라는 상태의 GAP을 분석하며 학습자 관점에서 학습 결과목표를 설정한다.

• 목표 설정 시 KSA 지식/기술/태도를 통합적으로 고려하고, 목표의 우선순위를 설정한다.

• 목표 설정 시 총 학습 시간 및 학습자 수준을 반드시 고려한다.

2단계: 학습 증거 설정

• '학습자들은 _____ 증거를 보여줌으로써 목표를 달성했음을 보여줄 것이다'의 밑줄 안에 들어갈 증거를 설정해본다.

• 학습 증거를 어떤 수행 과제를 통해 확인하고, 학습 정도를 어떤 기준으로 평가할지 생각해본다.

3단계: 학습 경험 디자인

• 설정한 학습의 증거를 연습할 수 있는 학습 경험을 설정한다.

• 가르칠 것과 경험하게 할 것, 그리고 개인적으로 경험할 것과 함께 경험할 것을 구분한다.

• 학습 경험 설정 시 UTE Understanding-Thinking-Experiencing 사이클을

고려한다.

- 본격적인 학습에 앞서 학습자들을 어떻게 준비시킬 것인가를 고민한다.

- 가장 마지막에 본 학습 경험과 자연스럽게 연결할 수 있는 오프닝과 클로징 경험을 고민한다.

4단계: 도구 선택

- 학습 경험을 가장 잘 촉진할 수 있는 도구를 선택한다.

- Make-Up 목적이 아닌 Make-Over의 목적으로 도구를 선택한다.

- 본인에게 익숙한 도구를 활용하고, 활용 시 학습자의 인지적 부담 및 학습 시간을 고려한다.

5단계: 러닝 맵 완성

- 목표-증거-경험-도구가 잘 연계되어 있는지 확인한다.

- 전체 교육 시간, 진행시 예상되는 어려움 등 실제적인 운영을 고려하여 계획의 적절성을 평가하고 필요에 따라 수정한다.

러닝 맵 셀프 체크리스트

　혼자 러닝 맵을 작성할 때 다음의 체크리스트를 활용하면 도움을 받을 수 있다.

체크 포인트	✔	보완 내용
[As-Is 분석] 1. 학습자의 현재 상태 및 요구에 대한 분석이 이루어졌다.		
[To-Be 구체화] 2. 학습자 관점에서 학습 목표/결과가 구체적으로 설정되었다.		
[As-Is와 To-Be 사이의 Gap 분석] 3. 학습자의 현재 상태와 원하는 목표 사이의 Gap이 고려되었다.		
[학습 증거의 타당성] 4. 목표와 관련된 학습 증거가 관찰 가능한 지표로 설정되었다.		
[증거를 고려한 경험 설정] 5. 학습 증거를 고려하여 학습 경험들이 설계되었다.		
[학습 경험의 순서] 6. 학습자 수준이나 내용의 연계성 등을 고려하여 학습 경험의 순서가 설정되었다.		
[OPUTEC 단계 고려] 7. OPUTEC 경험들을 고려하여 학습 경험이 디자인되었다.		
[촉진 기법 고려] 8. 학습 경험을 효과적으로 촉진할 수 있는 기법들을 선택하였다.		
[학습 시간 고려] 9. 학습 경험에 계획한 시간이 적절하다.		
[러닝 맵의 완성도] 10. 러닝 맵이 실행 가능성과 구체성이 높다.		

러닝 맵을 한 차시 수업에 대한 '한 장의 사진을 찍는 것'이라고 생각하면서, 수업 준비를 보다 단순하게 실제로 단순하지는 않지만 할 수 있게 되었습니다. 강의에 필요한 필수 요소가 하나의 그림에 다 들어 있어 전체적인 조망을 할 수 있게 도와주고, 강의 중에도 이를 떠올리면서 진행을 점검하고, 한정된 시간을 관리하는 데 큰 도움이 되었습니다.

학생들도 오늘 수업의 목표가 무엇이며 수업 후의 나의 변화를 예상해 보며, 어디에서 어디까지 어떤 과정을 통해 나아갈 것인지, 수업을 전체적으로 조망할 수 있는 시각을 가질 수 있어 좋습니다. 요즘은 도입에서 러닝 맵의 큰 틀을 학생들에게 제공하고, 세부 내용을 학생들과 함께 그려봅니다.

홍수진 – 우석대학교/교수

러닝 맵을 활용한 설계 예시

다음은 '신규 공직자들을 위한 청렴 교육 프로그램' 설계 예시이다. 실제 기획 컨설팅을 했던 사례인데 동의를 얻어 이 책에서 소개한다. DEPTH 5단계에 따라 함께 살펴보자.

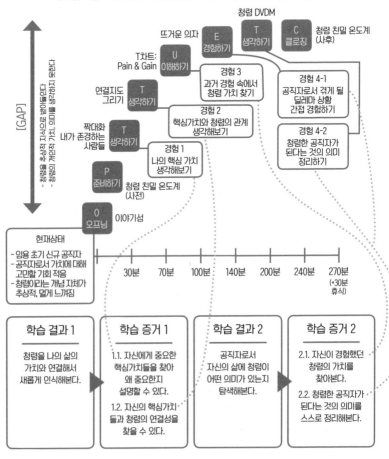

신규 공직자를 위한 참여형 청렴교육(5시간)

1. Destination (학습 결과)

기획 초안은 '공직자들이 청렴 교육에서 무엇을 배워야 할까'의 관점으로 설정된 목표를 담고 있었다. 담당자들과 회의를 하면서 "신규 공직자들이 이 교육을 통해 어떤 변화를 가져가기를 원하나요?"라는 질문에 함께 머물러 보았다. 이 질문을 통해 청렴 교육의 내용 자체가 아닌 학습자들의 변화가 학습 목표가 되어야 함을 함께 인식하게 되었다. 원하는 결과로 동의했던 내용은 '청렴이 자신의 삶에 어떤 의미가 있는지 발견하기'다. 신규 공직자들의 현재 상태 및 어려움에 대한 이해를 바탕으로 최종적으로 설정된 학습 결과는 다음과 같다.

> 1. 청렴을 자기 삶의 가치와 연결해서 새롭게 인식해본다.
> 2. 공직자로서 자신의 삶에 청렴이 어떤 의미가 있는지 탐색해본다.

2. Evidence (학습 증거)

첫 번째 목표에 대한 학습 증거를 설정하기 위해 '청렴을 자기 삶의 가치와 연결해서 새롭게 볼 수 있는 사람이라면 어떤 모습을 보일까?'를 고민해 보았다. 자기 삶의 가치를 이해하고, 그 가치가 청렴과 어떻게 연결되어 있는지 찾을 수 있는 것을 증거로 설정했다. 그리고 과거 경험을 통해 청렴이 어떤 가치를 가지는지 생각해보고, 공직자로 청렴을 지켰을 때 자신의 삶에 어떤 의미가 있을지를 정리해볼 수 있다면 두 번째 목표(우리가 좀 더 우선순위를 둔 목표)에 대한 증거가 될 수 있다고 보았다.

목표	1. 청렴을 나의 삶의 가치와 연결해서 새롭게 인식해본다.		2. 공직자로서 자신의 삶에 청렴이 어떤 의미가 있는지 탐색해본다.	
증거	1.1. 자신에게 중요한 핵심 가치들을 찾아 왜 중요한지 설명할 수 있다.	1.2. 자신의 핵심 가치들과 청렴의 연결성을 찾을 수 있다.	2.1. 자신이 경험했던 청렴의 가치를 찾아본다.	2.2. 청렴한 공직자가 된다는 것의 의미를 스스로 정리해본다.

3. Process (학습 경험)

2단계에서 설정한 학습 증거를 학습자들이 교육 후에 보여줄 수 있도록 하기 위해 그들에게 어떤 경험이 필요한지 생각해보았다. 아래 표와 같이 각 증거에 대해 필요한 경험을 생각해보고, 이것을 U-T-E 경험 사이클 관점에서 다양성과 순서를 고려해 보았다.

증거	1.1. 자신에게 중요한 핵심 가치들을 찾아 왜 중요한지 설명할 수 있다.	1.2. 자신의 핵심 가치들과 청렴의 연결성을 찾을 수 있다.	2.1. 자신이 경험했던 청렴의 가치를 찾아본다.	2.2. 청렴한 공직자가 된다는 것의 의미를 스스로 정리해본다.	
경험	[경험 1] 나의 핵심 가치 생각해보기	[경험 2] 핵심가치와 청렴의 관계 생각해보기	[경험 3] 과거 경험 속에서 청렴 가치 찾기	[경험 4] 공직자로서 겪게 될 딜레마 상황 간접 경험하기	[경험 5] 청렴한 공직자가 된다는 것의 의미 정리하기
구분	Thinking (가치 찾기)	Thinking (관계 찾기)	Understanding (가치 이해)	Experiencing (갈등 경험)	Thinking (생각 정리)

핵심 경험을 디자인하고 나서 어떻게 준비시킬지, 어떻게 오프닝과 클로징을 할지에 대해서도 정해보았다.

4. Tools (학습 도구)

다음으로 3단계에서 디자인한 경험을 어떤 방법으로, 어떤 기법을 활용하여 촉진할지 고민해보았다.

경험	[경험 1] 나의 핵심 가치 생각해보기	[경험 2] 핵심가치와 청렴의 관계 생각해보기	[경험 3] 과거 경험 속에서 청렴 가치 찾기	[경험 4] 공직자로서 겪게 될 딜레마 상황 간접 경험하기	[경험 5] 청렴한 공직자가 된다는 것의 의미 정리하기
구분	Thinking (가치 찾기)	Thinking (관계 찾기)	Understanding (가치 이해)	Experiencing (갈등 경험)	Thinking (생각 정리)
방법	내가 존경하는 사람에 대해 짝과 대화를 나누며 자신이 소중하게 생각하는 가치를 5개 적어보기	자신 고른 삶의 가치들이 청렴과 어떤 관계가 있는지 연결성을 그림으로 표현하기	청렴을 지켰던/지키지 못했던 나와 타인의 경험을 통해 청렴의 가치 생각해보기	공직자로 겪게 될 수 있는 다양한 딜레마 상황에 대응해보는 연습하기	청렴한공직자가 된다는 것의 의미를 개인적으로 정리해보기
기법	짝 대화 (Pair-Talk)	연결 지도	T 차트 (잃은 것/ 얻은 것)	뜨거운 의자 (Hot Seat)	DVDM (정의/가치/ 어려움/노력)

마지막으로 오프닝, 준비하기, 클로징에 활용할 기법들도 정해보았다.

5. Handy Map (설계도 완성)

최종적으로 러닝 맵의 형태로 정리해보고, 각 구성 요소가 긴밀하게 연계되어 있는지, 학습자 수준 및 시간에 적절한지 등을 최종적으로 검토하였다.

학습 경험 디자인을 위한 가이드 질문

다음은 러닝 디자인을 돕는 설계 질문이다. 이 질문에 스스로 답을 적어 나가면 혼자서도 쉽게 러닝 디자인을 하게 된다. 혹시 질문을 따라가다가 답을 적기 어려우면 그 단계에 대한 설명으로 돌아가보도록 한다.

Q1. 강의 선정

1-1. 나는 어떤 강의(혹은 강의의 일부)를 러닝 퍼실리테이션 기반으로 설계하고 싶은가?

_____

1-2. 이 강의에 러닝 퍼실리테이션을 활용하고자 하는 목적이나 필요성은 무엇인가?

_____

1-3. 러닝 퍼실리테이션을 활용했을 때 어떤 효과가 기대되는가?

_____

Q2. 학습자 분석

2-1. 이 강의를 듣는 학습자들은 누구인가? 어떤 특성이 있는가?

_____

2-2. 학습자들은 왜 이 강의를 듣는가?

_____

2-3. 강의 주제와 관련해서 어떤 니즈, 이슈, 어려움을 가지고 있는가?

_____

2-4. 학습자들은 이 강의를 통해 무엇을 얻어갈 수 있는가?

_____

Q3. 학습 결과

3-1. 이 강의를 통해 어떤 변화(지식/기술 /태도 면에서)가 생기는 것이 성공적인 학습의 결과인가?

지식 측면:

___

기술 측면:

___

태도 측면:

___

목표의 우선 순위를 정해본다면 가장 중요한 목표는 무엇인가?

1순위:

___

2순위:

___

3 순위:

___

3-2. 위의 학습 결과에 비추어 보았을 때 학습자들의 현재 상태는 어떤가?

___

3-3. 현재 상태와 바라는 상태 사이에 어떤 간극(Gap)이 있는지 생각해보자. 그 간극을 줄이기 위해 학습자들에게 필요한 것은 무엇인가?

___

Q4. 학습 증거

4-1. 학습자들이 학습 목표에 달성했다는 것을 어떻게 확인할 수 있는가?

___

4-2. 구체적으로 무엇을 관찰하거나/해보게 하면 그것을 확인할 수 있을까?

_____

4-3. 학습자가 어느 수준으로 할 수 있다면 목표를 달성한 것으로 볼 수 있을까?

_____

Q5. 학습 경험 디자인

5-1. 학습의 증거를 위해 어떤 학습 경험이 필요한가? 그 중에서 내가 내용 전문가로 개입하는 경험과 퍼실리테이터로서 촉진하는 경험을 구분해 본다면 어떻게 구분할 할 수 있는가?

내용 전문가로 개입하는 경험(티칭 영역):

_____

퍼실리테이터로 촉진하는 경험(퍼실리테이션 영역):

_____

5-2. 퍼실리테이션 하는 경험을 이해하기/생각하기/직접 경험하기로 구분해 본다면 어떻게 구분할 수 있는가?

이해하기(Understanding)

_____

생각하기(Thinking)

_____

직접 경험하기(Experiencing)

_____

5-3. 퍼실리테이션 하는 경험 중에서 개인 학습 경험과 협력 학습 경험을 구분해 본다면 어떻게 구분할 수 있는가?

개인 학습 경험:

_____

협력 학습 경험:

_____

5-4. 학습 경험을 어떤 순서로 배치하는 것이 효과적인가?

_____

5-5. 학습 준비를 시키기 위해 사전에 어떤 학습 경험이 필요할까?

_____

5-6. 오프닝과 클로징을 어떻게 경험시킬 것인가?

_____

Q6. 퍼실리테이션 도구

6-1. 각 학습 경험을 촉진하기 위해 어떤 방법을 활용할 것인가?

_____

6-2. 그 방법을 가장 효과적으로 도울 수 있는 퍼실리테이션 기법은 무엇일까?

_____

Q7. 러닝 맵

7-1. 2~6단계의 질문에 답을 해본 내용을 바탕으로 전체 러닝 맵을 그려보자. 각 단계가 유기적으로 연결되어 있는가?

_____

7-2. 학습자 수준, 강의 시간 등을 전반적으로 고려했을 때 실행 가능한가?

_____

학습 경험 디자이너 LED가 되는 의미 있는 도전

진짜 앎의 시작은 앎이 삶이 될 때이다. 학습자 중심의 교육, 학습자 중심의 교육 설계, 우리는 그동안 이론적으로는 어떻게 해야 하는지 알고 있었다. 그런데 이제는 이론으로 알고 있던 것을 실제로 적용해볼 시간이다. '실천적 전문가'가 되어 보자. 강의를 설계할 때 학습자 중심으로 나의 관점을 완전히 전환해 어떻게 학습자들의 배움을 도울지에 대해 고민하는 일은 생각만큼 쉽지 않다. 계속해서 가르치고 싶은, 알려주고 싶은 에고ego 가 스멀스멀 올라올 것이고, 전문가로서 나를 과시하고 싶고 주목을 받고 싶은 욕심과 원래 하던 대로 하고 싶은 유혹이 당신을 끌어당길 것이다. 나 또한 그런 경험을 해보았기 때문에 그 어려움을 너무나 잘 이해한다. 그래서 나는 의도적으로 나 스스로에게 학습 경험 디자이너를 의미하는 LED Learning Experience Designer 라는 명칭을 부여하면서 나의 정체성을 지키기 위해 노력하고 있다. 이 책을 갈무리하면서 LED가 되는 의미 있는 일에 동참하고자 하는 강의자에게 응원의 메시지를 남기고 싶다.

가르치지 말고 경험하게 하라

1. 러닝 퍼실리테이터가 된다는 것은 알을 깨는 과정이다.

내가 진행하는 스파크 러닝 퍼실리테이션 과정을 듣고 나서 한 학습자가 이런 피드백을 남겼다.

'러닝 맵을 설계하는 것은 지진이 일어났지만,
의미 있는 경험이었다.'

진짜 학습자 중심으로 강의를 설계하는 것은 지진이 일어나는 것만큼 패러다임의 전환이 필요한 일이다. 그냥 겉모습만 바꾸는 변화와는 다르다. 속을 바꾸는 일은 많은 고민과 고통을 동반한다. 마치 알에서 깨어나는 것 같은 경험이다. 진짜 러닝 퍼실리테이터가 되고 싶다면 이 알에서 깨어나는 과정을 즐겨야 한다. 고통스럽지만 그 알에서 깨어나면 다른 세상이 보이고 이전과는 다른 나로 살아갈 수 있게 된다.

2. 한 술에 배를 채우려 하지 말자.

러닝 맵을 설계하고 나서 큰 깨달음을 얻었다고 말하지만 그렇게 말하는 강의자들이 모두 학습자 중심의 설계를 자신의 것으로 만들지는 못한다. 여러 가지 이유가 있겠지만 내가 관찰한 중요한 이유는 한술에 배부르려고 하는 조급함 혹은 욕심 때문이다. 학습 경험을 디자인하는 방법을 배워서 본인의 강의에 실제 적용을 해보려고 하니 잘 안 돼서 어렵기도 하고, 또 설계에 시간이 오래 걸리기도 해서 몇 번 설계를 해보고 포기하곤 한다.

처음부터 너무 욕심을 내지 말자. 내가 그동안 가르쳤던 내용이 학습자들 입장에서는 어떤 의미가 있을까를 생각해보는 노력만 해보아도 좋다. 그런 고민을 하면서 우선 강의 목표를 학습자 중심의 학습 목표로 바꾸는 노력만 해보아도 좋다. 그것이 좀 익숙해지면 학습 목표에 대한 증거를 설정해보고, 그게 또 익숙해지면 증거를 고려하면서 학습 경험을 디자인해보자.

러닝 맵을 활용해서 학습자 중심으로 학습 경험을 설계하는 것은 적어도 10번 정도를 해보아야 익숙해질 것이다. 이 책에서 설계 방법을 자세히 안내하기 위해 1-5단계로 나누어 소개했지만, 이 설계 방법이 익숙해지면 이 단계들이 조각 조각이 아닌 하나의 단계로 통합되기 시작한다. 그리고 단계들이 통합되면 훨씬 더 수월하게 설계를 할 수 있게 된다.

3. 경험을 디자인하면서 우리는 교육을 바꾸는 일을 하고 있다.

'뭐 이렇게까지 자세하게 설계하고 고민할 필요가 있을까?'

아마 이 책을 읽으면서 이런 생각을 한 독자들이 있을지도 모르겠다. 고백하자면 내가 이 책을 쓴 이유는 그리고 자세하게 설계 방법을 소개한 이유는 강의자인 당신을 위해서가 아니다. 나는 당신이 교육에서 만나게 될 학습자들을 위해서 이 책을 썼다. 어렵지만 러닝 디자인을 하는 이유는 우리 자신을 위해서가 아니라 우리의 학습자를 위해서이다. 직접적으로는 그들의 배움을 돕기 위해서이고 간접적으로는 학습자로서 그들의 배우는 역량을 높여 주기 위해서이다.

교육이 바뀌기 위해서는 강의자, 학습자, 교육 방법이 함께 바뀌어야 한다. 러닝 퍼실리테이션은 이 세 가지가 함께 바뀔 수 있도록 해준다. 특히 학습자가 학습의 주인공이 되고 강의자가 조력자가 되는 학습자 중심의 강의 설계를 하면 강의자, 학습자, 교육 방법이 전체적으로 달라질 수 있다. 그런 의미에서 러닝 퍼실리테이션 방식을 활용하여 강의하는 일, 이를 위해 러닝 디자인을 하는 일은 우리 교육의 변화에 한몫을 하는 일이다. 이런 사명감을 가지고 러닝 디자인을 하는 일에 동참해보자.

> 학습자 중심으로 변화한다는 것은
> 멋지고 힘겹고 아름답다.
> 학습자가 진짜 필요로 하고 원하는 것과 만나고 싶다.
> -러닝 퍼실리테이터를 꿈꾸는 어느 강사의 말-

우리는 왜 가르치지 말고 경험하게 해야 하는가?

학습을 '디자인'한다는 말 자체가 새롭게 조직하고 창조한다는 의미를 담고 있어 좋습니다. 그런데 학습 '내용'에서 벗어나 학습자의 '경험'을 디자인한다는 것은 또 얼마나 새로운지요. 교수자라면 누구나 학습자에 대해 잘 알고, 학습자에게 가치 있는 경험이 무엇인지 선정할 수 있어야 한다는 점에 깊이 동의합니다.

• 홍수진 (우석대학교/교수)

억지로 짜맞추어진 학습 내용은 학습자나 교수자 모두에게 지루하거나 힘겨운 시간일 수도 있음을 강의 때마다 느꼈습니다. 학습자들과 어디로, 어떤 방법으로 함께 갈 것인가, 이 강의에서 그들과 나의 최종 목적지는 어디인가를 늘 고민하게 된 요즈음에는 강의 준비가 어렵지 않고 기쁘고 설레입니다. 교수자로서 제 관점이 변화되고, 학습자의 경험을 디자인하는 것에 큰 의미를 두고 나니 자발적인 학습이 일어났습니다. 러닝 맵으로 디자인된 교육 경험 속에서 성인 학습자나 어린 학습자 모두 학습에 더 잘 몰입합니다. 더 많이 이야기하고 표현하는 학습자들을 보면 너무 행복합니다.

• 이세영 (프리랜서 강사)

사용자 경험을 중심으로 디자인하는 것과 마찬가지로 학습자 경험을 중심으로 교육을 설계하는 것은 책임 있는 교육 서비스의 제공자라면 응당 수용해야 할 원칙이다. 그러나, 수용하지 않아도 괜찮다. 어차피 손해는 자신의 몫이므로.

• 이진우 [서울산업안전컨설팅/안전교육기관 운영]

모든 배움은 경험에서 시작됩니다. 아무리 좋은 배움도 경험이 뒷받침 되지 않으면 뜬구름과 같습니다. '배우고 익히고 경험하고', 이 3박자가 잘 이루어져야지 진정한 배움이 시작된다고 생각합니다.

• 강민주 [에르디아/ 퍼실리테이터]

CS 분야에서도 고객관리에 있어 현재 CEM Customer Experience Management 고객 경험 관리를 강조하고 있다. 고객에게 차별화된 경험 제공을 통하여 즐거움을 선사한다면 그 브랜드에 대한 긍정적 이미지가 좋아지는 것은 물론 지갑 문이 열리는 것은 시간문제일 것이다. 많은 학생과 성인들이 가지고 있는 '교육은 지루하고 재미없다'는 편견을 깨기 위해서는 교수자의 일방적 강의가 아닌 학습자들이 직접 참여하고 체험하는 형태의 체험학습으로 반드시 진화하여야 한다고 생각한다.

• 송지영 [프럼미에듀/대표]

학습은 가르침을 받는 것이 아니라 배우는 것이다. 가르치기 위해서는 학습 내용을 잘 디자인하면 되지만, 배우기 위해서는 학습자의 주도적인 역할이 핵심이다. 학습자의 주도적 활동을 이끌어낼 수 있는 러닝 맵 설계가 필요하다.

• 고일주 [숭실대학교/ 교수]

경험을 통해 수강자들의 배움을 확장시키는 것이 중요하다는 것을 알지만 그렇게 하려면 강사가 준비해야 할 부분이 많다 보니 기존의 방식을 바꾸기 쉽지 않은 것 같다. 하지만 학습 효과를 고려한다면 주도권을 수강자에게 넘기고, 수강자들의 경험을 통한 학습이 효과가 있다는 것을 강사 스스로 믿고 실천하려는 의지가 중요할 것이다.

• 김원숙 (지역사회교육 사회적협동조합/강사)

학습의 주체는 결국 교수자가 아닌 학습자입니다. 창의적 문제 해결이 강조되는 최근의 교육 트렌드에 부응하는 생각의 전환이 필요한 시기입니다. 이런 면에서 학습자의 경험과 배움을 중시하는 러닝 퍼실리테이션은 현장의 요구를 충족하는 방법입니다.

• 류희석 (기업 강사)

가르치지 않고 경험하게 설계하니 학습자들의 웃는 모습, 즐거워하는 모습, 그들의 목소리가 더 많이 들린다. 이러한 모습들이 지극히 정상이라 생각된다.

• 이재형 (농협대학교/ 교수)

학습자를 가르쳐야 하는 대상이 아니라 존중의 대상으로 바라보는 시선이 좋다. 삶의 지혜를 서로 나눌 때 학습자와 교수자 모두 성장하는 순간을 만끽하게 됨을 알게 된다.

• 김태완 (공군 항공 정비사)

학습자 경험을 중심으로 한 강의를 진행하면서 학습자의 내적 변화 및 행동 변화의 동력이 되었다는 생각이 들어 마음이 뿌듯했습니다.

• **김태연** (서울시립남부장애인종합복지관/작업치료사)

가르치는 사람이라면 대부분 학습 내용을 디자인하는 것이 당연하고, 그것이 더 중요하다고 생각할 수 있다. 그러나 막상 교육 현장에서는 학습자는 학습 내용에서보다 학습자 스스로가 경험한 학습에서 더 많이 배우게 된다. 이는 체화된 배움이 초인지와 연결이 되어 완전학습으로 이어지기 때문이다. 학습자의 경험을 디자인하는 활동은 결국 학습자의 지적 호기심을 충족시키고, 스스로 학습 내용을 재구성하여 자기주도학습 방법을 발견하게 돕는다. 학습자에게 쓰임새 있는 배움을 위해 경험을 디자인하는 것은 무엇보다 중요하다.

• **정해수** (숭실대/교수)